U0060368

有心與無心：
如果卡夫卡的日記
是Bion的Caesura

王明智、王盈彬、楊孟儒、陳建佑
翁逸馨、鄭文郁、黃守宏、陳瑞君
陳俊元、劉又銘、陳俊霖、郭淑惠
黃梅芳、蔡榮裕／合著

多久啊，雨中之林的手得用它

所有的針線親近我

為了編織群葉高貴的吻？

再一次

我傾聽那煙中之火般的接近，

自大地的灰燼誕生，

充滿花瓣的光：

而太陽——將地

分割成麥穗的河流——到達我的嘴裡

像一顆被埋葬又再度成為種子的古老的眼淚。

（聶魯達Neruda，在林中誕生，陳黎・張芬齡　譯）

序：
從舒適區走出，在卡夫卡的世界相會

黃梅芳

　　大約三、四年前，蔡榮裕醫師便邀請過我和幾位同行，想要一起對話與討論。那時我剛拿到榮格分析師，多年的心力投注學習後，到了一個想稍作停頓的階段，因此沒有接下。去年，蔡醫師再度邀請，我也覺得可以有新的開始，於是邀請了熟識的榮格圈夥伴陳俊霖、鄭文郁、陳俊元以及楊孟儒一起參與。蔡醫師這邊參與的夥伴，則是王明智、陳建佑、黃守宏、劉又銘、郭淑惠、王盈彬、翁逸馨、陳瑞君、劉玉文。

　　這次的對談，蔡醫師選了Bion的〈Caesura〉，《心經》及《卡夫卡日記》，這個範圍夠大到我和榮格領域的夥伴在不了解Bion、沒有佛學的根基，甚至對卡夫卡也不夠熟悉的情況下，還能與精分的夥伴相談甚歡，實在佩服蔡醫師的選材與命題。

　　先談Bion的〈Caesura〉，Caesura是休止符？斷裂？停頓？明智提到Bion引用了佛洛伊德的一句話來說明他想說的Caesura概念：「子宮內的生命和最早的嬰兒期

之間的連續性，比起令人印象深刻的出生行為的停頓，讓我們相信這些連續性是比停頓要多得多。」這也讓孟儒分享了自己生產育兒的過程，談到Senex和Puer的對立。

對談進入第二輪，建佑帶入佛學「空」的概念，逸馨則是從佛洛依德「遺忘」到中間地帶^{（註1）}，文郁則是用佛教的觀點來解讀蔡醫師的命題「空不異色：我對文學不感興趣，我就是文學本身」。其中文郁提及「卡夫卡著作的過程，是積極想像的過程」，引起大家對於榮格「積極想像」概念之好奇與討論。

守宏的起頭，談到卡夫卡、佛洛依德、比昂及榮格當時的時空背景，瑞君則更深地談Caesura這個字的意義，有趣的是，這兩個觀點其實都擴大了原來設定的閱讀題材。俊元則是依循這些擴大，再回來看卡夫卡日記幾個片段可能的象徵意義，也回應孟儒提到的Puer（永恆少年）。

第四回合，又銘的回應恰好體現了蔡醫師訂的副標：讓自己被那個陌生人拉走，成為他的親人。從這些選定的題材，用想像來被拉走，以聯想來航行。而俊霖的回應，帶著他一貫的幽默，先呈現在他的標題上（他中譯Caesura，都跟大家不一樣），在治療室、日記與音樂教室進進出出。

最後是蔡醫師的總整理，提綱挈領點出更多的看法。而淑惠則是將焦點放到卡夫卡與父親的關係。感謝淑惠談到卡夫卡與父親有關的夢，終於回到我熟悉的主題，也讓我有機會分享了前一陣子觀賞唐美雲歌仔戲團《臥龍：永遠的彼日》的感動。

本書所收錄的文章，經過大家事後整理潤飾，但其實遠遠不及在會談當天，大家現場此起彼落的討論所帶來的觀點與衝擊的滿足感。或許在閱讀完這本書後的你，也跟我們一樣意猶未盡。

註1：筆者刻意不以Winnicott的「過渡空間」稱之，以呼應心經的內容。

黃梅芳

諮商心理師、國際分析心理學會（IAAP）榮格分析師

現任：

東吳大學社工系兼任講師

實踐大學家庭研究與兒童發展學系兼任（專技）助理教授

昱捷診所諮商心理師

臺灣榮格心理學會秘書長

臺灣心理治療學會監事

目錄

前言

　　很高興有這個聚會，以文會友，不論榮格和佛洛伊德，當時是如何的決裂，但這不會影響我們的好奇心，在榮格之後，榮格學派的發展，尤其是在台灣或從這土地旅外的朋友們，所正在經歷的榮格，對我們來說，是眞正的第一手的相關資訊。畢竟，榮格的論點和技藝，如何被當代使用，如何在當代的問題裡穿梭，才是榮格存在的眞正意義。

　　我們則是依循著佛洛伊德、克萊因、比昂、溫尼科特的路數，在臨床上吸納他們的文字資產，做爲思索的起點。不過我們在這裡，嘗試以一篇文學、佛經和精神分析做爲主軸，其實在眞正完成文字作品前，我們並不眞的知道，我們的思索會走向何方？走到何處？

　　我們刻意不是採納只以精神分析的術語，來分析這些文化資產，而是抱持著如何從文學和佛經裡吸收養分，做爲我們思索臨床的複雜，因爲我們不相信，精神分析的術語已經可以讓我們了解人和人性，對於性別認同和自我認同，也仍是殘缺不少語彙。

因此我們除了從這些文本來吸收養分外，也很期待透過和榮格學派的朋友們，藉由這次以文會友的型式，透過你們的眼光來了解榮格的論點，並嘗試讓我們原本分屬不同學派的語言和概念，是否藉由這些交流，而能讓我們對自己原本熟悉的術語有新意的想像。（薩所羅蘭）

Bion也在Caesura這篇文章展示，如何與個案在分析場域中交會，同時也強調了分析對話中治療師的角色和觀點的重要性。在場域中，治療師常常不自覺地被置放在某個位置，背後有潛意識的動力在推動，這是非常重要的。治療師需要沉浸於這場對手戲中，讓自己入戲，激發出各種感覺、感情、想像和沉思。同時，治療師也需要連結到內在的創作者，思考個案，最終與個案代表的另一個角色進行對話。（王明智）

　　夢，是存在於睡眠模式中的思想運作。打開日記，進行的是意識文字的運作，而身體卻是往入睡的方向動作，這是身體和心智不同方向卻是同時間的組合運作。文字是靠著邏輯在運作，身體是靠著感覺在運作，於是在橋接日記和睡眠之間，意味著即將要交流的是身體和心智，也就是感覺和邏輯。換言之，不同的「呈現」，看似不同，其實是在「尋求連結」，而這個尋求的過程，會是Caesura的裡裡外外。（王盈彬）

　　希爾曼認為所有的情結（complex）中都帶有Senex-Puer的原型（archetype）。Senex及Puer在拉丁文中是老者及少年的意思，但在這裡的論述中，更正確

來說要傳達的是「新」與「舊」之間的兩股力量。Senex 表現在傳統、靜止、結構、權威，而Puer表現在即刻、徘徊、創造、理想主義。這兩股力量看似相異甚至相反，但是有趣的是他們也緊緊相依。當這兩股力量出現嚴重分歧、沒有找到共存的方式時，會造成災難。無論從生理或者心理層面上，這兩股力量都互相消長，緊密相關。（陳孟儒）

在生起感官時，藉由caesura的識勾起過去的無明與行，展開朝向客體、最終再繞回自己的旅程，建構我們對於世界的認識之後再解構，然後再建構並再解構……；每個在當下想到的過去，不再只是看成過去，而是成為當下潛意識的代名詞；我不再是我，是將自己奉獻出去讀別人的日記般，為了重新認識自己的本質——自己與自己（基於時間而來）的斷裂caesura，變成等待穿透的停頓caesura。（陳建佑）

這讓我想到青少年用盡力氣衝撞這個世界，如同也在用一種摧毀自己的方式來蛻變成人。榮格留意到許多原始部落的成年禮象徵意義，多年前我也曾看過一部紀錄片，是南太平洋西部的一個島國——巴布亞紐幾內亞，它的成

年禮是在身上刻（用利刃像切魚片那樣的刀法）上如鱷魚背般的紋路。世上部落繁多，不論成年禮儀式爲何，彷彿越原始越會是以一種近乎摧毀生命的方式行之，這讓我想到Murray Stein（1998）《轉化之旅：自性的追尋》一書的內容。（翁逸馨）

　　透過關係的涵容，以及治療師與病人自我（ego）對於無意識內容的開放與好奇，也就是兩者的象徵態度（symbolic attitude）或者積極想像，未知與混亂得以被忍受，整合得以發生。榮格提醒我們，我們不可能是空白螢幕，不被病人影響，診療室的改變是同時發生的歷程。正如榮格所言：「兩個人格的相逢就像兩種化學物質的碰撞：當一方有反應，雙方將同時被轉化。」（鄭文郁）

　　相對的，若此交界是一層僵硬的殼，人生便會枯竭而空虛；很像「奇異博士」中古一法師汲取黑暗力量，這裡所謂的黑暗，也許不是眞的所謂的邪惡（當然電影的劇情設定得如此），而是我們無法看向未分化的黑暗，那裡是無法觸及的物自身，就是那個O；順著這個思考，Bion認爲如果我們只在表徵世界裡生活，則人生就會枯竭。（黃

  有心與無心：如果卡夫卡的日記是Bion的Caesura

守宏）

　　卡夫卡從小在被一再凹摺的關係裡，卽使他發現這不是他，而打開重摺，會不會也有一種難以找回自己的感受，這些反反覆覆的摺痕在自己身下留下時代的記憶與痕跡，每一次的重摺都必須展開，更多的是看到每一次他人留下的摺痕，要怎麼找回自己？他畫下一具具被迫以僵直的角度作爲存在姿態的身體描形，多年下來在習慣抗拒的姿態中卻也讓自己也被困在這具身體城堡裡駐兵堅守。如果是這樣，那麼治療師的習作會是什麼？（陳瑞君）

　　無聲勝有聲的caesura，是音樂中的休止符，本身是一抹精確控制時間的留白，本身是「空」，靜待一個主動細心聆聽的心靈用「慢鏡頭定格」來檢視而獲得理解，意義的取得關鍵在於，深刻地感受休止符前後，音樂所引發的情緒思考細緻變化。儘管看似相同的休止符，在不同的音樂脈絡中有著截然不同的意義。休止符的這個「空」，因爲前後的脈絡，才有意義。而且意義的「超越性」，需如榮格所說的，緊緊握住對立的兩極，「一隻眼向外，一隻眼向內」。（陳俊元）

Grostein：過渡——最初由Fairbairn描述，後來被Winnicott竊取——實際上是竊取的，他後來承認了這一點——但第一個以其他方式談論它的人是Bion。因此，停頓（caesura）是其中一個功能。停頓中存在的是忍受變化的能力。停頓的一個功能是減輕或處理變化的功能。那麼這意味著什麼？哪個功能能夠做到這一點？這就是Bion的天才之處。這就是夢。夢，將真相神話化，而不改變真相，以使其可忍受。（劉又銘）

種系發生中可能長達幾萬年的平衡期，甚至能稱為活化石的物種可能有幾百萬年外型上看不出明顯改變，卻又可能在幾萬年間遽然轉型。個體發生上，像蛹期一樣長約數週的停頓轉折，則讓雞母蟲變形成甲蟲，讓毛毛蟲變形成蝴蝶。這又達超過caesura，也不止是pause，也許更像一段cadenza，變化得太大了點。那已經是煉金級的停、頓、止、轉化，前後雖然是同一個生命，改變得甚為鉅大。這衝擊了我們對個體與物種誕生前後落差的想像。（陳俊霖）

醒覺的旅程得從「我曾經是畏懼弱小。現在我是有感受、能思考。」這是一種變化（transformation），

有心與無心：如果卡夫卡的日記是Bion的Caesura

從身體的創傷記憶、無法思考和打從心底感到對自己的絕望，到擁有一個內在空間，那裡能匯集原始情感的容器，這個容納空間可以涵容內在心理現實和外在現實的接觸，在這樣的體驗中不急著逃走或隔離，同時有能力待著、耐心地處理這種體驗。（郭淑惠）

如果從現實出發來想像的話，也許就需要再強調，溫尼科特對於「孤獨的能力」（capacity to be alone），和「關切成全他人的能力」（capacity for concerning），兩者是一體兩面的。強調原本大家習慣的「做自己」，可能需要再重新思索，如果這是從個人主義出發時，所可能帶來的潛在困局會是什麼？（蔡榮裕）

因為《給父親的信》，我的理解是卡夫卡的寫作可能都在處理他與父親的關係（當然也有母親的部分），我的疑問是：如果寫作可以是一種療癒，那麼，卡夫卡為何無法從創作的過程活下來？我「暫時」的答案是，創作成為卡夫卡的一種陪伴與抒發，但也停頓於此。所有的隱喻，止步於理解與同理自己的苦難，到達不了如蛹化蝶的「轉化」階段。或許因為寫作都與父親有關，因此無法超越父親成為另外的存在。（黃梅芳）

第一章
色不異空：
打開日記，就只爲了讓我能夠入睡

王明智

前言、空性認識論

打開《心經》，映入眼簾的這段文字，在在提醒我看世界的眼光。

色不異空，空不異色；色卽是空，空卽是色，受想行識，亦復如是。

佛經的智慧如何成爲精神分析的養分？這也是我對照閱讀心經與Bion的〈Caesura〉時念茲在茲的事。

「色」指的是二維世界分裂的物質表象；「空」則把心思投向二維之外；表象背後，均是變動不拘元素的因緣聚散；具有涵括性（無所不包，多元迥異）、歸源性（殊異元素歸於同源）、相依性（彼此以多維網絡交互影響，非因果式的，而是常連結constant conjuctions^{（註釋一）}、變動性（不斷流轉的無常）、動力性（生死本能的灌注）。

這與Caesura又有甚麼關係呢？在臨床現場，我也時時提醒自己焦點在雙目間，在色與空流轉，悠然忘形。幸運的話，「色」與「空」得以在似近或遠處交會，連結上甚麼。

這種交會還可以是甚麼？治療師與個案？過去與現在？感覺與語言？行動與沉默？從此以前，往往會經歷某種空缺（emptiness）；就內心實時而言，往往是喧囂的空缺，讓人難忍。

離開現場是最容易的，我們會有諸多造作讓這件事情得以發生；留下來的最不容易，帶著那些被鄙視被厭棄被遺忘的有苦難言，慢慢地，盼望可以穿越……。

之一、斷裂

在我執業初期，我還清楚地記得年輕的K第一次來找我的時候，緩緩步入診療室，身形消瘦如厭食症患者，碩大的眼睛深陷，閃爍著無限哀戚。英俊的臉孔被憂鬱掩蓋，喪失應有的魅力，即便沉默，也能感到身上那股瀰漫不去的濃霧；彷彿來自異星，無法融入這個世界。K向我傾訴創作停滯不前，每晚難以入眠，生活彷若揉碎的稿紙，內心諸多角力無法舒展入眠。（註釋二，本文K

案例是作者虛構，對話參照分別取自《卡夫卡日記：單身漢》、《給父親的一封信》、《卡夫卡日記：續，單身漢》以及《城堡》。）

　　K的父親是一位極為強勢的人，時常公開羞辱，又故作憐憫；K面對父親感覺一無是處，渴望父親的愛同時又對他恨之入骨，一面懷疑自己的反覆，莫名掉入無止的漩渦。

　　安靜坐著的K內心難掩起伏，眼中交錯著絕望希望的暗影與光。緩緩地向我訴說：

　　「我寫了一篇極短篇，名為〈街上的單身漢〉。描述一位年輕人，和他的朋友在街上躑躅不前，期待能上樓參加宴會的故事。他的朋友，一個流浪漢，看似鼓勵他，言談間卻透露出令人洩氣的訊息；故事結束時，年輕人依然被這場對話束縛，無法上樓。」

　　K的聲音越發低沉，彷彿正在經歷內心的坍塌：

　　「這些天來，我有許多關於我自己的想法，但我沒有將它們寫下來。部分原因是因為我感到疲憊，我在白天睡得又深又沉，我似乎比在清醒時更疲憊。然而，另一部分原因則是出於恐懼。我害怕我將我的自我認知洩漏出來。」

　　他的眼神迷離，彷彿正在尋找某種難以言喻的真理：

「這種害怕是有道理的，因爲透過書寫，自我認知將成定局，所以它若非完整而面面俱到，把所有枝微末節的可能後果都考量進去，並且是完全眞實的，實不宜貿然下筆。

因爲若非如此——而我反正沒有能力做到——所寫下來的東西就會按照自己的意圖，帶著已成定局的優勢，取代了那只是泛泛感受到的東西，使得眞正的感受消失無蹤，而太晚才看出所寫下來的東西毫無價值。」

不等我開口，K繼續抱怨：「這一周我感到自己陷入迷茫狀態。最近，朋友爲我朗誦《告別青春》的第一幕，但以我目前的心境卻無法適應。昏暗的咖啡館，深夜的燈光將我困在角落，腹部的不適感像虛無的牽絆，讓我難以專注於這部偉大的作品，我得找一個理由繼續坐在椅子上。某一刻，我仿佛感到自己青春已逝，像是一道漸行漸遠的光束，而我仍停留在黑暗中，無法追趕。心中充斥著對別人創作的羨慕和自卑，他們似乎已經找到了自己的光芒，而我依舊是那個渺小的庸才，感受著無盡的挫折。」

他的敘述使人感到一種深深的絕望。望著他，理解與同情油然而生，我在內心對他說：

「可以感覺您對認識自己充滿的焦慮和恐懼，期待自己完美無暇。有些部分你能控制，有些部分又無法控制。

  有心與無心：如果卡夫卡的日記是Bion的Caesura

像是一場自己與自己的戰爭。就像你在故事中所創造出來的人物，一個想上樓，另一個又拖住了自己。」

彷彿聽到我內心的聲音，K忽然大聲起來：

「看來我是徹底完蛋了。去年我清醒的時間還不到五分鐘，每天都渴望自己不存在這世界，或者至少可以像小孩一樣重新來過。儘管在我眼中，可能連最基本的希望都看不到。至少表面上，我比那時輕鬆許多。因為那時的我，仍在努力尋找那種與我生活緊密相連的描述，彷彿想把它從我心中挖出，但它又似乎想把我從舒適圈拖出來。

這是多麼悲慘的開始（和我現在的悲慘根本無法相提並論）！我寫下的文字帶來的寒意跟著我好幾天！伴隨的危險讓我幾乎無法感受到那股寒意，但這並沒有使我感到不幸的情況有所改善。」

我輕輕回應：

「我可以感覺你對寫作的認真與執著，不惜嘔心瀝血也期待可以真正挖掘自己，即使這種挖掘讓你感到寒冷，你也在所不惜；渴望自己消失，或者重新出生，讓我感覺你把自己像稿紙般揉碎；為了那個更好的自己，不惜把自己推入地獄，或許這就是你為自己創造的悲慘。」

或許可以這樣形容，會來找我們的個案或多或少都身處地獄，就像故事的K先生；以十八層地獄來形容，我們

見到個案的此時此地，往往僅是地獄的第一層。

　　我問即將步入老年的朋友說：「妳是從什麼時候開始感受到衰老？」她回答：「約莫55歲，當我照鏡子時開始不喜歡鏡中的自己。」她的回答讓我想到更年期後，身體就像一顆熟透的果子逐漸步向腐朽。性驅力的退場讓人感到衰敗的同時也帶來解脫，透過身體感知所望出去的世界，跟先前截然不同；我們首次經歷青春期也有同樣的奇異感，身體的燃燒帶來熱切的期盼，世界像是被甚麼點亮，眼前有無盡的想像與可能。歲歲年年，不同的層次感，讓我們有種脫了層皮的感覺；隨著一個個生命階段，我們不知道蛻去幾層？今日我已非昔日我，我們的皮囊也是不斷更新且凋零……

　　Caesura的想法始於佛洛伊德談到嬰兒從產前意識橫跨至產後意識所經歷的中斷。我們總不記得出生前的事，許多文化也反覆描述，死者橫越將遺忘前世記憶的忘川，彷彿一道無形的屏障阻隔前世今生。種種情況都在傳達某種深層的認識，就是意識與潛意識間存在著某種屏障，這些屏障隨著不同情況，以不同形態展現。出生即是其中一種比較為強烈且突出的屏障。

　　「一個人如何穿透這個障礙，這個出生的停頓？是否有任何一種溝通方式能夠足夠『穿透』，將這種從產後意

識思維方向上的停頓傳遞到前一心智，在前一心智，思想和意念在心智的『時間』或『層次』上有對應的東西，而它們不是思想或意念？這種滲透必須在任何一個方向上都有效。……一個人不可能回到童年或嬰兒期——儘管我們經常這樣說。在目前，我們必須有一種能夠穿透屏障的配方方法。」（Bion, Caesura，蔡榮裕翻譯）

比昂論述了心智分裂如何阻礙我們深入探索真實（reality），也會製造這種從前意識到意識的斷裂，要突破Caesura的屏障，連結這種斷裂，首先要處理的便是分裂。

心智的分裂，似乎是人類大腦的固有特性，其粗略結構猶如二維的格局；佛洛依德與克萊因均以此作為理論起點，試圖突破二維框架，探索完整的真實。

這提醒我不該只滿足於眼前的理解；由於心智的分裂性，需要以更多理解去填補。比昂認為，在給出詮釋時，常會抑制其他詮釋；因此有時我們需要考慮多種詮釋。在確定詮釋的優先順序之前，需將它們排序。這過程不僅是「說」，更要迅速地「做」。由於我們知道心智有分裂的趨勢，因此必須用多種詮釋來接近同一組難以言說的精神碎片，Bion形容這是一種健康的分裂。

這份工作的困難，在於精神機器的趨樂避苦使我們想

要快速找到詮釋，常常會停滯在使用同一組類似詮釋的階段。不同分析學派都因為心智的分裂而存在，無法看到全貌。如果有學派自詡能看見全貌，甚至鄙視其他學派，那麼請將這種傲慢當成垃圾（Bion語）。在此看來，學派之爭是無謂的，當大家用力地說出自己的不同時，其實更接近瞎子摸象。

之二、跨越

K把他正在撰寫的《單身漢續篇》拿給我看：

「『你還要在這裡待很久嗎？』我問。驟然開口說話時，些許口沫從我嘴裡飛出去，是個壞預兆。

『這會妨礙你嗎？如果這會妨礙你，或者說阻止了你上樓，那我馬上就走，否則我就還想待在這裡，因為我累了。』

但最終他可以稱心如意，而且愈來愈稱心如意，當我愈來愈了解他。因為他顯然一向更了解我，肯定可以讓我和我對他的了解望塵莫及。否則該如何解釋我仍然站在街上，彷彿我面前不是一棟房子，而是一場火。如果一個人受邀去參加一場聚會，他就該直接走進屋裡，爬樓梯上去，而且幾乎沒注意到他在做這件事，他是如此沉浸在他

有心與無心：如果卡夫卡的日記是Bion的Caesura

的思緒中。這才是正確之舉，不管是對自己，還是對參加那場聚會的人。」_{（註釋三）}

對於K形容小說主角所面對的夢想，「不是一棟房子，而是一場火。」這個意象讓我驚駭不已！這是何等的絕望？我在字裡行間尋找絕望的源頭，何以一位年輕人面對未來如此猶豫，如是恐懼？當我看到K形容主角的朋友「……顯然一向更了解我，肯定可以讓我和我對他的了解望塵莫及。」時，浮現心頭的是在偶爾會見到的父母，他們的智識與成就讓子女望塵莫及，還為此沾沾自喜，甚至以為自己可以左右子女的人生。一個人對另一個人的了解不是為了讓那個人可以有更多可能嗎？何以這種了解卻變成阻礙一個人行進的巨石？

當我審視自己感受到的辛酸與絕望，想到Bion所說的心理碎片，K無以為繼的書寫反映出他內心的破碎。Bion特別強調對這些碎片的注意，就像醫師對病人的觀察一樣。這些碎片可能包括患者的語言、動作、夢、情感等，它們都可能帶來一些有用的信息。Bion還提到臨床現場我們往往面對的是這些已成灰燼的心理碎片，治療師的理解可以為這些灰燼帶來一口氣，也因為注入了這口氣，得以點燃灰燼。

我將心中的感受告訴他：「我想我可以了解為何你

無法完成小說，會不會每次你要下筆，卻總是感到靈感阻塞，當你想安然睡去，造成阻塞的感覺卻不斷傾巢而出？或許心中的父親已經化為你對自己的嘲弄與懷疑，每當你想向內在的聲音求助，卻總是弔詭地得到阻撓。」

當我說出這番話時，注意到他胸膛起伏，似乎想到甚麼：

「我想起兒時的那個夜晚，身為孩子的我哭著要水喝，當然不是真的口渴，可能是想故意吸引父親注意，或者僅是為了胡鬧。父親嚴厲警告了我幾次，卻沒能奏效。結果，父親終於忍不住，一把把我拖出被窩，拎到屋外過道上，然後關上了扇門，我獨自留在門外，穿著睡衣站了好久。

我不想評斷是非對錯，也許當時父親確實別無他法，只為了一夜好眠。但我想藉此向您分享這段回憶，讓您了解父親的教育對我造成的傷害。從那時起，我確實變得比較乖巧，卻在心底留下了傷痕。對我來說，理所當然卻無聊的『要水喝』，與那種異常可怕的『拎出去』，像個難解的習題，讓我怎樣也想不透二者的關聯。多年過去，我仍被那扇門折磨著，那個巨人，我的父親，那終極的權威，在三更半夜毫不留情地把我拖出被窩，拎到屋外過道。對父親而言，我又算甚麼？

或許這只是一個小小開始，然而這般情景卻常主宰我內心的無助，其中多數來自父親。本來我需要一些友善、鼓勵以及開放的道路，父親卻將它堵住。我知道父親是出於好意，希望我能走上另一條路，但那條路對我來說並不適合……。」

　　這種經過漫長的停頓，我們忽然將眼前的情景聯結上過去的回憶，這種奇妙的感覺讓我想到Grotstein（1999）曾經分享一次分析的經歷。

　　當時他尚在芝加哥進行醫學實習，飛往舊金山的前女友突然聯繫他，想在轉機的芝加哥短暫停留。他對那次見面了無感情，唯一清晰的是記得她的飛機離去，自己經歷了一系列不可思議的詭譎景象。起先，飛機形象似乎暗成陰影。然後化為一隻巨大烏鴉，甚至搧動著翅膀。接下來，形象變得更加怪異，彷若機械，卻不像飛機。之後每當他讀到康得，就會想起那個不可思議的影像。最後，當他把這個經驗帶入與Bion的分析，Bion幫助他理解到那是生命最初幾個月裡的記憶，他從一個嬰兒的眼光所經驗的重大失落。

　　Meltzer（1997）形容這種失落說，那是孩子相對於內在父母的位置，即真正看到內在父母與其他事物之間的關係，這種情況並不常見。我們對於內在父母最清楚的視

角通常出現在夢中。譬如病人夢到大教堂的圓頂，這是她有史以來最清晰看到內在母親的乳房，以及對其美麗與意義的理解。（引用《Reading Bion》，第128頁）

Rudi Vermote認爲Bion帶我們：

「關注不可知的感性眞理，調節著感性世界的現象。它是在分裂的經驗、思想的裂縫中，透露出還有其他的方式來看待思考這未知世界的感知。……Caesura……是世界相遇的一點，在這些交會中，我們仍有另一種感覺。……焦點放在『看到常聯結』（seeing constant conjunctions）（註釋一），而非僅限於尋找精神功能這個維度的因果、敘說關係及推理。」（引用《Reading Bion》，第133頁）

飛機的起飛，象徵著離別，卻在心中激起古老記憶的聯結。生命中的失落帶來斷裂，然而，奇妙的熟悉感卻超越了遺忘，讓我們跨越生命漫長的停頓。透過Caesura，情感感知也隨著飛機起飛，過去的記憶被喚醒，透過這個交會，我們深刻領悟了潛意識的眞諦（truth）。

Bion巧妙地使用Caesura這個詞，它代表著音樂與詩的轉折點，表面上的停頓，往往是爲了承接前後兩個段落；我更願意把Caesura視爲象徵，它提醒我們：表面上的裂縫、斷裂點，卻能成爲內在心智與他者、世界交會的

有心與無心：如果卡夫卡的日記是Bion的Caesura

地方。

讓我們以Kayo Chingonyi的《驕傲的瑕疵》（2017）[註釋三]爲例：

她快要死了，但我不會說她死了，||不能讓媽媽
成爲一具身體，||一塊石頭，||一張空的醫院病床。

在這首詩中，Chingonyi巧妙使用Caesura，突顯詩句最悲傷的部分，賦予強烈的感情。

兩行詩句強烈以感情與物件對照出生與死的區隔。Caesura（詩句中的 || ）喚醒讀者對於母親之死對作者心理造成的斷裂。透過Caesura，我們感受到作者與母親的天人永隔。

下一行透過無生命物件的推疊，Caesura將絕望擴大，效果令人震撼。如果這首詩沒有Caesura，反而顯得平淡無奇。有了Caesura，我們才得以接近死亡現場的悲愴與驚駭。

透過這個例子，我們知道Caesura往往不只有沉默與靜止，更接近於呼吸，帶著情感與生命的色彩。如何在停頓與斷裂中找到連結，或許就是Caesura的眞諦。

形成這種斷裂的恰恰是佛洛伊德最愛談的衝突觀，背後隱隱約約映射出二維因果的邏輯。

存在主義者所談的「荒謬」把這種斷裂描繪地非常深刻，就像禪宗公案，提醒我們生命的陷落往往是尋求了悟與完整的契機。受困於因果二維世界的困乏，只有當這種表象被挑戰後，當我們腳下炸開一個裂縫，事物的眞諦才會透過此裂縫投影出一道黑暗之光。

之三、時間：洋蔥皮隱喻

我跟K的談話約莫進行一年，這個年輕人對當時的我來是極爲困難的個案，諸多行爲想法都令人費解，當時的我尚且不知，這種難以理解反映了生命早期的深沉問題。

記得他曾經責怪我對於他的性議題視而不見，也沒給任何意見，一路以來都兀自放任他孤單的摸索，或許他需要透過好好的責怪我來顯示他的成長與力量；當時的我經驗太少，不自覺誤入陷阱。我還眞的給他關於性方面的忠告，只是這樣的建議卻無意洩漏了我的個人價值，讓K感到非常羞愧，彷彿在我的建議下，他的性是骯髒汙穢的，而我則變成了保守且自以爲是的權威，而這就是他最想反抗的父親。

當時的傾聽搞錯重點，K想透過責備我來找回他的力量，我應該放任他對我的批評，肯定他在沒有我的協助下

有心與無心：如果卡夫卡的日記是Bion的Caesura

還可以兀自摸索，背後的辛苦不足爲外人道。但我僅聽到他表面的需求，無奈那種需求是一種驕傲的僞裝，太急著想幫上忙，卻讓這種幫忙成爲另一種挫傷。

這個小插曲常常讓我回憶起如鯁在喉，讓我想起後來他於某次治療對我的形容：「就像兒童遊戲裡，一個人一邊抓著甚至緊壓著另一個人的手，一邊還喊著：『你走啊，走啊，你幹麼不走？』而我倆的情形複雜就複雜在，你總是誠懇地說著『你走啊！』，但卻一直不自覺地，以你個性上的力量拉著我不放，或者更正確地說，壓制。」

這忽然讓我意識到我們重演了他跟父親永恆輪迴的鬥爭場景。

在人類的交流中，說話與傾聽本身就具有時間性，精神分析當然也是；Bion提醒我們，分析師和病人往往傾向將這種交流的重點擺在過去發生過的事，忽略了分析師與病人存在於當下眼前的事實，這是一種誤導，因爲我們無法改變過去。

回到音樂的比喻，或許我們可以說，聽與說也像是音樂，都是一種發生在時間軸上的藝術，或許我們把分析中的對話看成音樂的演奏與聆聽更爲恰當。而聆聽這個行爲當然是發生在當下，所謂過去，也只是不斷往未來奔流的每一刻當下所組成的。換句話說，當下就蘊含了過去與未

來，因此分析的藝術所體現的時間性就是，你能否從當下體現出過去與未來。

「使分析冒險變得困難的是，一個不斷變化的人格會與另一個人格對話。但是，人格似乎並沒有像一塊被拉伸的橡皮筋那樣發展。就好像洋蔥一樣長出了許多不同的皮。」（Bion, Caesura，蔡榮裕翻譯）

洋蔥層層相連的表皮是個很好的隱喻，它呈現了成長的時間性。

甚麼叫做「一個不斷變化的人格會與另一個人格對話」？意味著洋蔥的內層是過往的當下此刻？而當下的表皮也可能隨著成長成為過往？人格就像洋蔥皮不斷成長，新長成的人格也有過去人格的累積，當下眼前治療師對話的這個病人，他說話的對象除了治療師之外，有沒有可能是他自己？過去的自己？或者當下跟我們說話的，其實是過去的他？如果可以是這樣，那分析的對話有趣多了。

洋蔥的比喻足以看出Bion沒有要放棄佛洛伊德的地誌學，要展開這樣的對話，在分析中需要連結意識與潛意識，超越那個當下眼前的潛意識屏障。

超越障礙比較常見的方法是逐漸發生的「滲透」。當因緣俱足，在時間的某一點會感覺豁然開朗，產生某種醒悟。這樣的醒悟也是事後作用的某個面向。我們在當下的

有心與無心：如果卡夫卡的日記是Bion的Caesura

此刻，把過去的拼圖補齊。通常需要超越二維感知，進入另一個層面，有點類似蝴蝶效應或同時性。

有時，超越障礙需要穿透或突破，這讓我想到Bion在談「轉化」時提到一些創傷事件所產生的劇烈搖晃，會破壞人性的結構（洋蔥皮的表層），而留下核心（洋蔥的內層）。佛洛伊的講的產前產後的出生創傷便是。

「我們正在處理一系列的皮膚，它們曾經是表皮或有意識的，但現在是『自由聯想』。」（Bion, Caesura，蔡榮裕翻譯）

Bion想透過這句話表達甚麼呢？洋蔥的每一層皮膚原來是表皮（意識），後來成為內裡（潛意識），Caesura就是一種從表皮跨越到內裡的方法學？而要達到Caesura的跨越，自由聯想是王道？方法學的目的就是要培養我們一種可以滲透、穿透、跨越的方法學。對於分析職人來說，Bion提醒我們在進行這種跨越時的基本心法：

「有許多不同的Caesura。如何遍歷它們？我們必須重新考慮自由聯想與詮釋，關於它們有著過渡的特性。與此相反，我們可以稱之為患者或分析師希望最終能到達的情況——蛇梯棋盤上的100分。在從一個過渡到另一個的過程中，有很多蛇和梯子。每個自由聯想和每個詮釋都代表我們在精神分析的情況的變化。即使是錯誤的詮釋也會

導致改變；以虛假～故意虛假的形式呈現的錯誤信息也會改變情況。我們能多快意識到變化的情況，以及我們能多快看到即使不利，也能利用這種變化的情況帶來什麼用處？」（Bion, Caesura，蔡榮裕翻譯）

看著蛇梯遊戲^(註釋四)，想著我們會因不同的際遇與決定（說到底往往受到潛意識的影響），而會來到遊戲的某一格（此時此地的某種情況與現象）；當那一格坐落在梯子時就可以獲得晉級，反之落在蛇身上就會降級。Bion透過這個遊戲凸顯了治療師與個案在這個遊戲中，奮力在洋蔥的每一層穿梭時，我們的自由聯想或詮釋，會導致的晉級降級的情況。

但錯誤的決定（錯誤的詮釋或者同理），誠實面對這個錯誤的過程，都比虛假的天堂來得更好，無論是治療師自身的議題所造成的行動化，或者與個案的共演，誠實地面對潛意識動力的推動，都比視而不見好得太多。

我突然想到成長過程中所產生的斷裂或停頓，它們把曾經洋蔥的表皮，陷落成內裡，形成包羅萬象不同層次的十八層地獄。敏銳的治療師要勇於覺察：現在位於地獄的哪一層？蛇梯遊戲或許有個最終的100分（Bion說是難以企及的O），治療師要善用在每一格（每種情況）病人與治療師的交會，形成某種理解（自由聯想或詮釋），透過

有心與無心：如果卡夫卡的日記是Bion的Caesura

它們帶領著我們從一層跨越到另一層。

之四、醒著作夢

當我逐漸長成一個有經驗的治療師，K早已離開我的治療。

治療的困難在我的專業生涯中造成難以抹滅的印痕，讓我之後好幾年偶爾都會回顧這個治療留下的巨大謎團。回到日常生活，斷斷續續我也會看他在雜誌發表的小說，才華橫溢卻未能獲得巨大的回想。又不知過了幾年，直到我雙鬢霜白，意外地某一天我從報上獲知K的死訊。寥寥可數的追悼文中提到他最後一篇未完的小說，後來經由好友重新編輯出版。我很快買了小說來看，內容讓我驚駭不已：

「一名男子在冰冷的冬夜抵達一座村莊，眼前矗立著一座宏偉的城堡。他被邀來這裡進行丈量工作，卻無任何證明身分的文件，必須耗費大量力氣去證明自己是那個被邀請來的人。

他讓自己周旋在一層又一層的官僚機構間，最終毫無所獲。更荒誕的是，自始至終它未曾見過邀請他的城堡主人。

小村莊的日常生活以城堡爲中心，一個如此碩大的城堡控制著一個不對稱小的村莊，讓人難以理解。表面看來，小村莊更像承受不起城堡的壓迫？或者，小村莊反倒像是城堡的奴僕。城堡時不時有官員下到村莊，享用村民提供的性服務，而村民竟將此視爲榮譽。同樣的，村莊的居民甚至城堡的官員也都未曾見過城堡的主人，諸多事項都是透過各種間接的方式傳達。

　　在村莊中，有一戶人家深深了解男子的困境，卻因某種神祕原因（與性服務有關）得罪了城堡主人，因此他們在村莊的生活亦是苦不堪言⋯⋯。」

　　最後，K終究沒有完成這部小說，但這種未完成卻也恰如其分，因爲故事的丈量員最終還是被卡關在一種未完的荒謬中。報導指出，K的好友對記者說：「他曾經告訴我對於結局的想法，男人被困在村莊數十年，直到老病纏身；臨死之際，突然收到一封來自城堡主人的信，信中寫道，雖然迄今他未能證明自己的身分，但被允許在村莊中安度餘生，接到信的男人在一種百感交集中終於斷氣⋯⋯。」

　　不知爲何，這則軼聞算是爲小說畫下完美的句點，令我驚嘆的是，小說外的人生比小說還眞實。K總認爲自己的創作最多只算半成品，卻在理解他的朋友那裡得到了令

有心與無心：如果卡夫卡的日記是Bion的Caesura

人感動的完成。

　　尤其令我感動的是，K在離開治療之後，還是不放棄思考自己的問題，這種思考是全面性地戮力以赴。而思考問題的方法乃透過小說創作，小說在這裡變成一個醒著的夢，而K所創造出來的夢境，竟然比現實人生更接近真實。

　　當我思索如何在臨床上可以跨越Caesura？第一個浮現心頭的是Bion曾提到的清醒夢思（waking dream thought），簡單來說就是以體驗夢的方式來對待臨床現場與個案的交會。

　　在我看來，義大利分析師Civitarese, G.與Ferro, A.提出的場域理論（field theory）^{（註釋五）}便是對於Bion的清醒夢最有創意的實踐（兩人從量子場物理的概念出發，透過能量與物質之間的同源與轉化，也將貫通佛經的空性），限於篇幅在這片小文僅能約略介紹：

　　在我的想像中，場域是一個特殊而豐富的容器，包容著多元迥異的元素，透過診療室的內在與外在空間，在其中互動、交會，賦予個案與治療師自由聯想與詮釋的可能。此種多元多維的特性非常重要，因為它使得Caesura的停頓不再平板與死寂，而是充滿無限可能。

　　在場域內，各種元素如同精心編織的織物，緊密交

錯在一起，激發著我們的思維與想像。當我們感受到停頓時，場域的多元性能夠打破我們思維的狹隘框架，爲突破停頓提供了重要的起點。

量子場域的測不準原理告訴我們，物質粒子運動是難以捕捉和確切了解的，這不確定性也使得我們能夠超越常規思考。譬如，會談室造成中斷的手機訊息也可能不那麼湊巧，或許是潛意識情感與意念帶來的移情顯示，足以引發治療師與個案更多的聯想與詮釋，促進我們可以超越停頓產生交會。

場域理論強調分析伴侶之間的交會，伴侶可能包括治療師與個案、涵容者與被涵容者、思考者與被思考者。交會是場域理論的主要重點，透過這些交會所產生的事件、記憶、夢、行爲、沉思、聯想、情感、感覺等，都需要分析伴侶相對位置的動力所激發，再進行敘事、作夢、思考，最後建構成隱喻或神話，這是最接近詮釋的清醒夢思。

此過程也類似於Bion所描述的α功能，讓我們能夠穿越分析現場的停頓，試著超越Caesura，讓理解潛意識的樂曲可以繼續演奏下去。

清醒夢思的概念引領我們將治療的心理與物理空間視爲做夢的場域，使得個案與治療師的互動不再二維扁平；

讓我們局限在洋蔥隱喻的某一層，讓許多東西變得太過具體化，而難以穿越。

夢的象徵、隱喻以及沉思的功能，賦予了我們穿越停頓的能力，讓我們試圖超越表面，讓停頓成為我們體驗潛意識樂曲的呼吸，能夠準備好持續探索更深的層面。在這個意義上，場域成為一個獨特而豐富的容器，容納著人與人之間的情感、記憶、聯想和沉思，而這些元素在場域中的互動交會，賦予了治療過程一種獨特的動力和意義。

Bion也在Caesura這篇文章展示，如何與個案在分析場域中交會，同時也強調了分析對話中治療師的角色和觀點的重要性。

在場域中，治療師常常不自覺地被置放在某個位置，背後有潛意識的動力在推動，這是非常重要的。治療師需要沉浸於這場對手戲中，讓自己入戲，激發出各種感覺、感情、想像和沉思。同時，治療師也需要連結到內在的創作者，思考個案，最終與個案代表的另一個腳色進行對話。

舉例來說，當個案講述夢境時，治療師注意到夢中的故事條理分明，卻跳過了詭異的感官片段。這讓治療師思考為什麼個案像是一位官能症患者般講述夢境，卻在他忽然在躺椅抽搐一震的動作也洩漏了崩潰的精神病恐懼。這

種不一致正是交會的起始點。

　　個案可能故意讓自己棲身在某一層（官能症）人格中，不願跟另一層（人格）對話，使得治療師被誤導只能停留在某一層，讓互動變得具體而平板。治療師需要更深入地探索個案感官的精神病團塊，以及自己在這個恐懼中所扮演的角色（往往是迫害者）。

　　在這樣的場域中，治療師與個案之間的互動和對話是非常關鍵的，透過分析伴侶的相對位置所產生的觀點，才能更深入理解個案的內在世界，共構出意義豐富的治療歷程。

註釋

註釋一：　constant conjunctions，在哲學中，常聯結是兩個事件之間的一種關係，其中一個事件總是緊接著另一個事件：如果A的出現總是緊隨B的發生，則稱A和B是常聯結的。一個關鍵的哲學問題涉及常聯結與因果關係之間的關係，這對科學哲學具有影響。（引自維基百科）

註釋二：　本文虛構案例K，說明Caesura和心經的某些內涵。這種論述方式不同於以往，大都是以精神分析的語言，來分析文學的文本。作者在本文反過來嘗試，引用文學的經驗來說明精神分析的內

涵。其中所出現的對話，乃分別參照交錯引用《卡夫卡日記：單身漢》（譯者：姬健梅，出版社：商周出版）、《給父親的一封信》（譯者：禤素萊，出版社：寶瓶文化）、《卡夫卡日記：續，單身漢》（譯者：姬健梅，出版社：商周出版）以及《城堡》（譯者：高年生，出版社：新雨）。

註釋三：　引自網站StudySmaster，其中有關Caesura的部分。

註釋四：　蛇梯遊戲（參考https://www.tasker.com.tw/workroom/YG49J？se=aGBd）

註釋五：　關於場域理論可以參考Civitarese, G. & Ferro, A.（2013）The Meaning and Use of Metaphor in Analytic Field Theory. Psychoanalytic Inquiry 33:190-209.

王明智

諮商心理師
臺灣精神分析學會會員
《小隱》心理諮商所所長
臺灣精神分析學會推薦精神分析取向心理治療師
松德院區《思想起心理治療中心》心理治療督導

王盈彬

前言：

　　閱讀「卡夫卡的日記」和「心經」，是截然不同的感覺經驗，除了使用語言文字質地的不同，兩本著作間隔的時間也超過千百年，再加上文化歷史脈絡的差異，要如何同時思考連結，儼然是一門高深的功夫，此時我停頓「Caesura」了許久。但是當想要以Bion所描述的「Caesura」來串聯時，慢慢地有些自由聯想的連接點出現了，那就可以再繞回主題，來進行「生產」的歷程，「如果卡夫卡的日記是Bion的Caesura」，這其中的焦點可以是「如果」，也就是，為何會有這一個「如果」的命題出現，什麼被因此連接起來了？而這又是一個內容為何的歷程呢？

　　「Bion引用了佛洛伊德的一句話：『子宮內的生命和最早的嬰兒期之間的連續性，比起令人印象深刻的出生行為的停頓，讓我們相信這些連續性是比停頓要多得多』。Bion使用『停頓（Caesura）』強調兩個方面：分離性（屏障、暫停、剪切、屏蔽）和連續性。」（王盈彬譯）^{（註一）}

　　有心與無心：如果卡夫卡的日記是Bion的Caesura

Caesura 的立足點：

「Caesura」有許多不同的定義，其中之一是由佛洛
伊德引用來描繪生產前後中間的停頓，那個自然出現的階
段，嬰孩正在通過產道，一個巨大的發展跳躍正在發生，
從大量的生理運作的組合，要成為一位有身分的精神個
體，其間的連續性，比我們想像的還要多，而這樣看似不
連續的連續，中間需要一個停頓的時間和空間，讓這樣的
轉換醞釀恰到好處，甚至是在合理誤差範圍內，可以有修
正的機會，讓連續繼續進行下去。

為人父母的懷胎十月，從產檢的胎動、超音波圖像、
媽媽因為懷孕而產生的生理變化，爸媽因為準備迎接新生兒
而產生的感覺、情緒、行為、生活的種種變化，這個尚未出
生的嬰兒早已進入爸媽腦海中的想像了，而因應而生的實際
生活空間和時間分配的調整，也已經在現實的進行中。爸媽
和想像中卻也實際隔著肚皮存在的嬰兒說說話、玩玩遊戲，
也是不少見的事情。「如果……」，想當然爾，也早已此起
彼落的佈置好孩子出世後的種種，包括：要給孩子起一個
「名字」，一組聚焦身分的文字組合。與此同時，嬰兒按照
自己的步調，在子宮內長大，直到離開產道出生，於是想像
中的嬰孩和真正的嬰孩正式的碰面了。

「如果」用佛洛伊德的詞彙來對應這一個過程，也是精神分析思考潛意識的起點，牽涉到最基本的操作定義，那是有關：事物呈現（thing-presentations）與相應的文字呈現（word-presentations）的一組概念。簡略的說，生活中發生了一些事件（event），我們留下了記憶痕跡（memory-trace），等待被啟動，

　　「一般來說，所有的記憶都會被記錄下來，但它們的喚起取決於它們被灌注、去灌注和反灌注的方式。」（王盈彬譯）（註二）

　　於是，這些被能量灌注而喚起的記憶，就形成了事物呈現（thing-presentations）的樣貌，存在於潛意識中，當然這些會與「灌注」連上關係的事件面向，會有主體想要被滿足的需要與傾向，這也是佛洛伊德在精神分析地誌學理論中，有關性驅力運作的細節。

　　「這裡的『呈現（presentation）』與『記憶痕跡（memory-trace）』有著明顯的區別：『呈現（presentation）』重新引起並恢復了『記憶痕跡（memory-trace）』，而記憶痕跡本身只不過是事件（event）的記錄。」（王盈彬譯）（註三）

　　而文字呈現（word-presentations）的存在，是為了可以形成事物的涵義，也把充滿情感的歷程，包含了進

有心與無心：如果卡夫卡的日記是Bion的Caesura

來。以下的定義描述，也特別指出在一些病理狀態下，文字呈現的組成出現了問題，特別是情感的面向，換句話說，基本文字呈現的概念是包含了情感的質地。

「『文字（words）』是言語功能的單位，它通過與特定的記憶、事件、情感和『事物（things）』聯繫來獲得其涵義。在思覺失調症中，文字呈現（word-presentations）得以保留，但它們與所指的充滿情感的經歷的聯繫卻失去了。」（王盈彬譯）^{（註四）}

於是這樣的一組現象，可以更加貼近事件（event）的某一部分的真相，也包含了主體想要滿足的面向，只是這並非是代表事件唯一的一個面向或方向。換句話說，「如果卡夫卡的日記是Bion的Caesura」，意味著卡夫卡的日記原本具有多重面向，而其中一個面向可以是Bion的Caesura的一種呈現。

「佛洛伊德對該概念最準確的定義之一如下：事物呈現（thing-presentations）『包含在灌注中，如果不是事物的直接的記憶圖像，至少是源自這些的更遙遠的記憶痕跡』。這個定義需要注意兩點……事物呈現（thing-presentations）不應被理解為事物整體（entirety）的心智關聯。該事物在不同的系統或關聯複合體中仍保有其相應的面向。」（王盈彬譯）^{（註三）}

於是在開始往下進行思考的時候，僅遵循Bion的建議，讓我們在可能陷入盲目的狀態時，來避免讓我們一直陷入一種盲目的狀態。這樣的提醒，就像把今天的主題多元化一下，「如果卡夫卡的日記是Bion的Caesura」，除此之外，「如果卡夫卡的日記『不』是Bion的Caesura」，還可以有其他的組合議題，這樣的概念可以讓我們不會陷入盲目之中，這也是佛洛依德的提醒。

　　「我不建議我們用心理學的術語來解釋偏頭痛之類的事情。」（王盈彬譯）[註五]

　　在當代各種專業學問的發展中，不容質疑的是，神經學、生理學、胚胎學、腦科學、物理學、化學……等生命基礎學科，都已經進入研究分子細胞訊號或量子學的層次，龐大而複雜的知識系統，已經不是佛洛伊德當年的景況，精神分析的各種理論學派的論述也是百花齊放了。於是，這些先備知識可以充分也有限制的協助我和大家，準備進入面對「Caesura」這件事，也就先把這一個複雜的字，如佛洛伊德一樣，定位在描述嬰孩出生前後的中間階段。

　　從身體加入精神的連結與停頓：
　　「佛洛伊德在他的後設心理學著作中使用的術語，

用於區分兩種類型的『呈現presentation』——源自事物的（本質上是視覺的）類型和源自文字的（本質上是聽覺的）類型。這種區別對佛洛伊德來說，具有後設心理學涵義，因爲前意識—意識系統的特點是，其中的事物呈現（thing-presentations）與相應的文字呈現（word-presentations），綁定在一起——相比之下，在潛意識系統中不存在這種情況，在潛意識系統中，只有事物呈現（thing-presentations）可以被找到。」（王盈彬譯）（註三）

　　當出生這個事件（event）發生時，記憶被留存下來，在帶有某些目的性的原因而產生了訊息的選擇之後，出現了事物呈現（thing-presentations），並且儲存於潛意識中，這其中包含了各類感官的運作結果，本質上是由視覺來主導，而且在潛意識中，只有這樣的呈現方式，並無文字呈現（word-presentations）的部分。而可以進到前意識—意識系統的文字呈現（word-presentations），正是我們在分析診療室中所接觸到的材料，同時是有一個互相綁定的事物呈現（thing-presentations）存在，並且是由潛意識連接而來，這是由聽覺來主導，於是可以發現，其實是有兩組感官運作在同時並行互動著，最後由文字的象徵化來統整這些感官的

經驗。

「在只有我自己和一個成年男人或女人的諮商室中，有時有些被我可以形容為嫉妒、愛、恨、性，但似乎有一種強烈的、未成形的特徵的感覺的事情發生了。回到生理學和解剖學來借用其想法來表達我對其中一些事件的感覺是很方便的；考慮患者所表達的一些感受，如底丘腦、交感神經或副交感神經。」（王盈彬譯）^{（註五）}

當我們想像，小嬰兒在母體中，「應該」只是一堆生理現象的運作，慢慢胚胎在子宮內發育成為一個準備進入脫離羊水子宮的階段，有著各種感官的運作在累積各種經驗記憶。媽媽會經歷的陣痛，助產人員檢查著產道擴張的程度，隨時準備嬰孩胎頭的下降，進入產道，然後產出。彷彿瞬間，所有在子宮羊水內的生理活動，全部要在母體外繼續運作，然後一個人的感覺想法會出現，一直到我現在在這裡書寫出來。甚麼事情發生了？讓充滿生理運作的世界，可以加入了許多感官的感覺，可以再加入了念頭、想法和語言的元素。而在我們企圖追究發生的事情的同時，這些感覺、念頭、想法、語言，已經交織出一片新的世界。

「如果你對眼球施加壓力，你可以看到，作為對物理壓力的反應，似乎只能是視覺裝置的反應。如果是這樣

的話，那麼也許視覺凹，甚至在出生本身戲劇性的停頓（caesura）之前，就對壓力做出了反應。從分析師的角度來看，被分析者是成年男人或女人這一事實可能是如此引人注目，眼睛的證據如此引人注目，以至於使他看不到那些不那麼清楚地呈現在視覺器官上的其他感覺。」（王盈彬譯）^{（註五）}

「當媽媽看見、聽到、感覺，出生的嬰兒在哭」，這是使用至少三種感官的覺察，來描述統整一個嬰兒在出生後，隨即發生在媽媽面前的事物，嬰兒當下的臉部表情、肢體動作、空間氣氛……等，要如何用文字來表達呈現，同時讓看到這段文字的人可以知道發生了甚麼事。而且這樣的事情，後來無時無刻都在我們的生活中發生，這個如何的過程，是Caesura這件事的概念。而當我們以文字的質地來思考時，有學者以隱喻的概念來著墨。而會如此發展的原因之一牽涉到人類群體的特性，也就是嬰孩經過這樣的過程，就能順利的接軌進入人類的運作世界。

「Joyce McDougall（1974年）寫到，從身體到心理（與佛洛伊德的歇斯底里軌跡相反）發生了一次『神祕的飛躍』，這與身體化症有關。Reba和患有類似缺陷的患者向我展示了，當身體的一種抽象不能作為身體經驗的一種隱喻表徵（metaphorical representation）而跳入

心靈時，就無法以一個完全參與的個體，生活在人類領域。在隱喻過程中發生的，是從一種經驗形態到另一種經驗形態的轉換，這似乎是人類認知和交流的貨幣。沒有它，人們就會面臨無法推動人類事業的一種具體現實。隱喻（Metaphor）在我們的語言中是如此普遍，如果不使用隱喻就很難說一個句子。但這是因為隱喻的程序（一次在多個知覺、運動和示意動作區域觸發突觸）在大腦活動中無處不在。最近的研究表明，嬰兒能夠將信息從一種方式轉移到另一種方式，並從出生時就能抽象地思考。（Wurmser，Katz，2013年）這種能力對我們所有人都有。換句話說，我們所有人都有或多或少的聯覺共感。Leon Wurmser（2013年，Katz）簡而言之：『隱喻程序是一種先天的準備，並獨立於語言而表現出來』（第42頁）。」（王盈彬譯）^{（註六）}

日記記錄可以是文字呈現（word-presentations），也可以是事物呈現（thing-presentations），兩者之間以隱喻（Metaphor）來連接：

　　日記，是由一群文字所組成，但是文字形成的背

有心與無心：如果卡夫卡的日記是Bion的Caesura

景，可以是好整以暇的坐在書桌前面的書寫者，整理著一整天發生的事件記憶；但是也可以是在戰火連天的前線壕溝中的垂死戰士，在爭取生命殞落前的片刻，落筆而成。於是，這一群文字可以是具有文字呈現（word-presentations）質地的昇華整理，也可以是具有事物呈現（thing-presentations）質地的原始紀錄，當然更細緻的說，會是一道光譜的分布。

為何打開日記就為了能夠入睡？卡夫卡是在說，打開日記可以保護睡眠這樣的事情嗎？又或是打開日記可以和入睡區隔？日記的紀錄理應是精神記憶的結晶，又為何和入睡的身體反應相關？如果順著由Caesura的概念展開，可以如下文的文字來進行隱喻。

「媽媽為了幫助嬰兒，在嬰兒失去媽媽身體的控制後，可以從精神上存活下來，並確保自己不會承受失去嬰兒的痛苦，母親現在不得不將嬰兒帶入自己的領域，而不僅僅是在身體上抱著嬰兒，同時是在精神上的，這就是隱喻地（metaphorically）述說。現在，她不得不模仿嬰兒的姿勢和聲音；換句話說，她必須通過鏡像化嬰兒來在自己和嬰兒之間建立一種文化，這樣對無法再依靠其附著在母親體外的能力而感到安全的嬰兒，可以轉而通過以下方式找到支持：被母親包圍的感覺，就像被味覺，視覺和

聲音的感官世界所包圍和涵容一樣。」（王盈彬譯）^{（註六）}

而卡夫卡的日記文字，是由一群文字所組合而成的紀錄，雖然可能是一種隨筆，內容可能是每日隨興所至的記憶書寫，但是是否有一部分也等同是感官世界的元素之一，用文字在感覺他所處的世界，就像是視覺運作的同時，也會穿插進來聽覺的運作，兩者之間多少比例能以隱喻的方式連接，成爲其文字質地的重要關鍵。如果仔細端詳日記的內容，不難發現其中有些字句段落的不連貫性或突兀性，但是大致不會讓人誤解其內涵。於是有一種感覺，跳出了字裡行間的邏輯意義，吸引著讀者想要去一探這些不連貫性的究竟，當然也有可能就直接忽略掉，就像是媽媽面對與嬰兒的身體分離所產生的精神矛盾歷程，爲了尋求連接，而必須同時讓嬰兒的各種感官運作來象徵化母親的身體包圍一樣。

日記的文字組合，反映了形成日記的部分割捨，可以是去蕪存菁，也可以是造模護身，也可以是吵雜的群像。有一些事件發生，留下了記憶，其中有些被灌注了能量而重新被憶起，其中形成了事物呈現，而可以被文字呈現，進到了意識，記錄在日記本中。其他未形成具有意義的文字的原料，或可準備進入身體的夢中，接受等待醞釀，未

　　有心與無心：如果卡夫卡的日記是Bion的Caesura

來再形成文字。

　　入睡，是一種生理運作的現象，大腦接收到睡眠的訊號後，全身開始透過自律神經系統，調整身體為睡眠模式。夢，是存在於睡眠模式中的思想運作。打開日記，進行的是意識文字的運作，而身體卻是往入睡的方向動作，這是身體和心智不同方向卻是同時間的組合運作。文字是靠著邏輯在運作，身體是靠著感覺在運作，於是在橋接日記和睡眠之間，意味著即將要交流的是身體和心智，也就是感覺和邏輯。換言之，不同的「呈現」，看似不同，其實是在「尋求連結」，而這個尋求的過程，會是Caesura的裡裡外外。

　　「當代對『隱喻』的研究認為，語言是身體經驗的體現，而隱喻是與身體經驗有所連結。（Lakeoff & Johnson，2003年；Johnson，M.，1987年；Feldman，J.，2008年）。正如Shepherd所言：『我們從身體中投射出，來製造與〈外部〉世界的類比。我們是透過身體的鏡頭來看世界』（M. Shepherd，個人通訊，2014年12月3日）。」（王盈彬譯）^{（註六）}

色不異空：

在心經或是佛經所描述的「色」即是「身」，「色不異空」照這字面的意思是，身體不會和空不同。如果色是身，是身體，那空是否意味的在身體之中，有一個空處存在，或是這一個空處是在等待感覺、想法的進入搭配，也許也像是在等待意義的身體。此時的色和空是黏著在一起的，意味著一種絕對性的需要，也就是在身體必須分開的時候，空出來的位子在等待抽象的象徵來填補。

「黏著性識別（Adhesive identification）是指嬰兒對一種與母親身體外部的二維黏著性連接的絕望性需要。」（王盈彬譯）(註六)

如果是聚焦到日記，可以這樣想嗎？「空」也可以想成是未形成任何事物呈現（thing presentation）的狀態或元素，自然也就不會形成文字呈現（word presentation）。然而，「空」也同時是在等待著「呈現」。當文字在尚未賦予隱喻時，其實是尚未形成意義的，也就是文字雖在，但是同時是空著的，也是在等待連接，讓感覺串接。也許像是在診療室中的各種文字—「色」—傳遞，每一段話也都具有不同的「空」的質地。

「這是一個定義問題，但我們再也不能在我們要調查

的領域，將感覺（feelings）如同想法（ideas）排除在外。」（王盈彬譯）^{（註五）}

　　散布著一些雜音的日記，仔細地一字一句端看這一個日記，在我們已經建構的邏輯系統裡面，會產生一種感覺，而這種感覺會推動著我們，希望可以讀出整句的涵義，於是如果刻意的去看到這些獨立的段落，我們就會啟動另外一種思考，想要去理解這到底在講什麼，又為何如此不連續的出現在連續的段落中。有一個先驗的知識運作系統，在判讀著我們所看到的文字組合，有一個空間等待著，讓新的元素可以進來切磋琢磨，像是一種未飽和狀態在等待飽和一樣，這是一種空，但是旁邊伴隨著一個準備要理解「空」的「感覺」動力，像是比昂對知識（K）概念的運作一樣。

　　「在我們與被分析者的關係中，時間是有限的，選擇是不可避免的。在所有正確的詮釋中，我們應該選擇哪一種來形塑？分析師的自由雖然很大，但至少在一個邊界上是有限的，因為需要誠實，需要給出正確的詮釋。如果被分析者真誠地希望接受治療，那麼他同樣受到限制。他的自由聯想應該盡可能接近他認為的真相。」（王盈彬譯）^{（註五）}

參考文獻

註一：Caesura. Skelton, R.(Ed.). (2006). The Edinburgh International Encyclopaedia of Psychoanalysis.

註二：Memory-Trace (or Mnemic Trace). Laplanche, J. and Pontalis, J. B. (1973). The Language of Psycho-Analysis.

註三：Thing-Presentation/Word-Presentation. Laplanche, J. and Pontalis, J. B. (1973). The Language of Psycho-Analysis.

註四：Word-Presentation. Skelton, R. (Ed.). (2006). The Edinburgh International Encyclopaedia of Psychoanalysis.

註五：Two Papers: The Grid and Caesura. Wilfred R. Bion. Karnac Books London 1989

註六：Oppenheim, J. (2015). From Primitive Fears to the Safety of Metaphor . Mod. Psychoanal., 40(1):77-94

王盈彬

精神科專科醫師

精神分析取向心理治療師

臺灣精神醫學會會員

臺灣精神分析學會會員

臺灣精神分析學會《台南》心理治療入門課程召集人

英國倫敦大學學院理論精神分析碩士

王盈彬精神科診所暨精神分析工作室主持人

聯絡方式：https://www.drwang.com.tw/

與談人：楊孟儒

呼應明智所提到的相依性，榮格認為同時發生的事情並非巧合，而是共時性，兩者之間必然存在有意義的關聯。我在答應了以文會友的活動、準備以及完成的階段，剛好與我懷孕、生產、哺育嬰兒同時，想必也不是巧合。而我也想要以一個陰性的、女性的敘事觀點來談談生產、哺乳以及嬰兒與母親之間最早的互動。

比昂以Caesura來討論生產過程前後的連續性，且帶有著「停頓」或「休止符」等中間地帶的意味。嬰兒出生的過程，的確不是個風和日麗的過程。伴隨著陣痛以及賀爾蒙引起的嘔吐，順利的話嬰兒從產道中平安離開母體。而我恰好沒有這麼幸運，經過兩天陣痛三小時用力推的過程，一切正常，沒有明確原因，嬰兒就是出不來。到了第四小時的開頭，醫生告訴我再繼續下去母親會力氣用盡，我們只能再試一個小時。經過最後的努力，仍然無法讓嬰兒從產道出來，最後靠著緊急剖腹產，讓嬰兒離開子宮。相對於在母親子宮裡的安適無憂，生產驚心動魄，是對胎兒充滿壓力的過程。難怪所有的嬰兒在出生後第一天都特別乖，因為經過這趟旅程，需要好好休息。生產過程對胎兒來說，是舒適狀態的停頓或者休止符。但是，如果沒有

現代醫療設備與技術，這個經歷就會是個句點了。

　　《卡夫卡日記》是在我餵奶的過程中讀完的。嬰兒與母親、與乳房的關係讀了這麼多，但我從來不知道原來親餵母奶如此花時間，直到我決定要這麼做。親餵母奶，我是有選擇的。現代的母親，有親餵母奶、擠出母奶後瓶餵、配方奶等選擇，還可以決定要百分之百用上述的其中一種方法，或者混合使用。但是在沒有冷藏設備和擠奶器、以及嬰兒奶粉的年代，母親與嬰兒沒有其他選擇，與母親不分離而得到食物和溫暖是生存之道，如果母親與嬰兒無法成功協力完成母奶親餵這件大事，嬰兒存活的機率大受威脅。佛洛依德、克萊恩、比昂、溫尼考特、榮格，他們的年代裡，在他們形成理論的時候，乳房是嬰兒唯一的活路。我很好奇在現代醫療及生活條件進步的前提下，女性得以自主選擇哺乳方式，早期母嬰關係對個人的影響是怎麼變化的呢？

　　《卡夫卡日記》是在我餵奶和抱睡的過程中讀完的。在嬰兒出生後的前三個月的新生兒期，嬰兒的各種感官發展還未成熟，並且需要類似於在母體中的環境以得到安撫。沒有人告訴我因為親餵母奶新生兒要花這麼多時間在我身上，在母親的身上。新生兒喝著奶，喝幾口就睡著了，睡了幾十分鐘，醒來喝幾口，又睡著了。好感激人有

兩隻手以及世界上有網路和電子閱讀器，一隻手抱著嬰兒，我還有一隻手（或一根手指）可以用電子閱讀器讀書。這樣喝喝睡睡，大約四十分鐘到一個小時，一餐才算完成。新生兒從喝了第一口開始算差不多兩個小時後就要喝下一餐了，二十四小時不間斷。新生兒吃完下一件事就是睡，哄睡有很多種方式，但是嬰兒最愛的那種方式就是被媽媽抱著，口裡還含著乳房。Nursing、holding和bonding是血汗、體力、時間活。

　　讓我這個母親感到解脫是當我和嬰兒在幾週後，經過練習學會躺餵，我終於不用坐著，墊著各式各樣的枕頭，扎扎實實抱上好幾個小時。找到適合的姿勢，我就能側躺在床上哺乳，這對於漫漫長夜來說尤其重要。我發現，即使我不需要用手攬著嬰兒，嬰兒也會本能地使勁力氣確保與我的身體靠在一起。在沒有語言和邏輯思考以前，母親的氣味、溫暖就已經深深與安全感和滿足感相連。有一天，晚上陪伴著我和嬰兒一起睡的我的母親告訴我她觀察到一件奇妙的事，她聽到嬰兒餓了而發出的嚶嚶聲，她睜開眼觀察但沒有叫醒我。她看到嬰兒閉著眼睛發出聲音，我閉著眼睛轉身，母親和嬰兒都沒有睜開眼睛、都沒有醒就完成任務，而我根本不知道這件事發生過。不知道我的前額葉有沒有參與這個過程，靠著本能就能夠與嬰兒的需

求回應，我經驗到與嬰兒相連不只靠意識，潛意識或者前意識使我們更完整的連結為一體。

　　準備這個文章是在陪睡的過程中，在黑暗的房間裡，和嬰兒一起躺在床上。沒有經過睡眠訓練的嬰兒是靠著照顧者的陪伴和輔助才能入睡的。也就是說，從意識到無意識的這個中間地帶、這個過渡，需要照顧者的存在去涵容這個空間。所有的哄睡技巧都是傳達與人相連的感受，包巾模仿被擁抱的安全感，搖椅模仿被搖晃的舒適感，奶嘴提供乳房的質感，而後來的毛毯、絨毛娃娃等過渡客體，則是提醒嬰兒過去在母親身上得到的滿足感受。

以榮格學派觀點讀《卡夫卡日記》

　　在榮格心理學的觀點裡，個人經驗與集體經驗相連，也與宇宙的經驗相連，而原型（archetype）正是串連起不同層次之間的媒介。在我讀《卡夫卡日記》時，從他的父子關係、親密關係、人生志向與工作之間的掙扎，到作品的形式與情節，都讓我聯想到Senex和Puer這個在榮格心理學中提到的重要概念。這個概念榮格、馮・法蘭茲、希爾曼等人都曾論述，我在這裡以希爾曼[註1]的看法為主要參考。

榮格強調運用兩極對立（polarities）的概念，最原始的兩極就是意識與無意識。希爾曼的說明和舉例是這樣的：原型本身並不是分化為兩極的，原型的特性是矛盾（ambivalent）又似是而非（paradoxical），既包含靈性又包含自然，既包含心靈又包含物質，既包含意識又包含無意識。就像黎明是連續的，而非日或夜，但是當自我意識（ego-consciousness）切入時，原型中所帶有的對立特質就會分化成兩極。當黎明破曉帶來白日，黑夜就被留在過去。

　　希爾曼認為所有的情結（complex）中都帶有Senex-Puer的原型。Senex及Puer在拉丁文中是老者及少年的意思，但在這裡的論述中，更正確來說要傳達的是「新」與「舊」之間的兩股力量。Senex表現在傳統、靜止、結構、權威，而Puer表現在即刻、徘徊、創造、理想主義。這兩股力量看似相異甚至相反，但是有趣的是他們也緊緊相依。當這兩股力量出現嚴重分歧、沒有找到共存的方式時，會造成災難。無論從生理或者心理層面上，這兩股力量都互相消長，緊密相關。生命的過程從年幼到年老，再進入下一個世代反覆；人類歷史興衰也是如此，年輕的新勢力興起，安定後漸漸成為保守權威的舊勢力，再繼續反覆下去。

希爾曼提到：Puer帶來繁花盛開，而Senex迎來收成，而花開與收成在生命週期中不住循環。Puer的浪漫不羈，如果沒有Senex的自律和制度輔助，將無所成。在原型中兩端都是必須且重要的，所以當我們討論Senex-Puer原型時，兩邊都同樣必要。而且並非其中一方代表著好的，另一方代表著壞的；而是Senex和Puer各自都有著正向及負向的特質。雖然在我們所熟知的困境中，Senex和Puer之間是互相對立的力量，但是他們也有可能是走向互相統合的。為了療癒這個非常重要的分裂，讓分裂後的Senex和Puer再次接近，回到他們分裂前的狀態，也是心理分析工作的重點。

　　Senex會出現在心理歷程到達終點時，他代表舊的態度和習慣把新的事物同化，吞噬掉改變的可能性，再也不會有新變化。在自然或者時間概念中相關的意像有：乾燥、夜晚、寒冷、冬天、收成。Senex代表自我（ego）僵化所帶來的死亡，一個相關的象徵（symbol）就是老國王。這個又老又病的國王的形象，缺乏女性力量滋養，沒有生氣，變得乾枯冰冷，能量漸漸石化。如果自我過於依戀權力、過度偏頗、過度理性化就會使一個人缺乏生機。我們需要注意之所以一個負面的Senex形成，那是因為這個老國王失去了自己的兒子Puer，缺乏這個兒子身上

所代表的熱情和愛慾（Eros），當權者失去了理想性，變成了武斷冷血的暴君。分裂的Senex-Puer原型導致負向的Senex態度及行爲，和諧統一的Senex-Puer原型帶來正向的Senex態度及行爲，例如智慧老人的意象。

在榮格心理學中，對於永恆少年（puer eternus）的討論很多。永恆少年的特質包含著自戀、有靈感的、柔弱的、好奇的、哀愁的、激烈的、善變的，他被超越的心靈力量所支配。以現實生活中的例子來說，如果永恆少年的力量過度且負面，就可能帶來吸毒或者玩命般的莽撞冒險行爲。這樣的話，就會和Senex一樣，不聽勸也不肯學習。這樣負面的Puer不理解重複和穩定的重要，以及日復一日努力、腳踏實地、一步一腳印的好處。只想飛，卻不願意走。在情結中的Puer帶來動力，移動太快、要太多、走太遠、渴望永恆，不僅是因爲幼稚的全能幻想，也是在原型上說來，這個世界永遠沒有辦法滿足他要的理想美麗。負向的Puer和負向的Senex基本上說來是一樣的，過度且負向的Puer能量導致與現實脫離。

所以在療癒的路上，我們尋找衝突的兩極之間的轉化，希望在兩者的和諧共存中找到出路。這也是每個人在個體化歷程上必經之路。

父子關係、人生志向與工作之間的掙扎

　　Senex和Puer無法和諧相處這個災難，明顯地呈現在卡夫卡與他父親的關係上。卡夫卡的父親情結影響他許多人生決定，在父親的強勢粗暴之下，造成一生中想要得到父親贊同又要追求所熱愛的文學的掙扎。卡夫卡的父親不怎麼了解這個孩子的個性及才華，自幼刻苦又經商的父親，對於卡夫卡文弱的性格有許多批評。卡夫卡就曾在日記中說：「聆聽父親談他年少時必須忍受的苦難不是件愉快的事，他在敘述中不斷暗藏著對當代人幸運處境的批評，尤其是他子女的幸運處境。」他選擇一個較務實的法律科系、一份能糊口的工作，都是為了回應父親的期待。即使在與父親爭執時，他仍對於父親感到敬畏。他曾在日記中提到：「而在這種極端的時刻，我總是感覺到父親身上有一份智慧，而我只能領略一絲一毫。」

　　在卡夫卡的父親與卡夫卡的互動之中，卡夫卡的父親很明顯地代表著Senex的力量，固執、權威、世間的運行應該有其方向，而身為長者的他就應該懂得比兒子更多，兒子也應該服從於他。卡夫卡身上帶著Puer的色彩，他念法律系有較長的修業時間，所以可以在大學中有更多機會接觸他喜愛的文學。他的第一份工作佔用他太多時間，

就找到第二份在工商保險局的工作，一方面能勉強糊口，另一方面較短的工時可以讓他擠出時間創作。父親要他在創辦的石棉廠幫忙，他同時也在積極參與一個東歐猶太人的意第緒語劇團的活動。對於父親的框架，卡夫卡用的是Puer的方法回應。看似服從，但拐個彎讓自己的自由天性存活下來。只是在這兩人的對抗中，Senex與Puer並沒有找到妥協共存的方法，即使到卡夫卡約36歲時決定與茱莉・沃里契克結婚，最終父親的強烈反對仍使這個決定無疾而終；為此卡夫卡寫了著名的〈致父親〉長信，但最終也沒有交到父親手中。

卡夫卡與父親的關係也影響了他的性格。卡夫卡的自卑以及缺乏自信，很可能與長期沒有被父親所看見、了解、接受有關。在日記中他有許多篇幅描述對於自己的文章、外型、談吐、甚至朗誦的自我懷疑和批評，這更加深他本身性格中由Puer所體現出來的完美主義所帶來的痛苦。在生活的苦惱中，他曾有低落到想要結束生命的時刻。「前天為了工廠的事而受到責備。之後在沙發上考慮著從窗戶跳出去，想了一個鐘頭。」、「因為我隨時準備好死去」。

他紀錄了文學創作帶給他的滿足以及他對於白天工作內容的無奈：「意識到我體內的一切都準備好去從事文

學創作,這種創作對我來說將會是有如天堂般的解脫,真正地活了過來,而此刻在辦公室裡,為了這樣一份可悲的文件,我卻得要從這具能夠感受此等幸福的身體上奪走一塊肉。」他熱愛文學,卻又極度缺乏安全感和自信。在日間工作時,他痛恨其枯燥無味;但在夜裡或假期能夠創作時,他又對自己無法全力投入而感到痛苦。他的Senex和Puer無法整合帶來的苦,日日夜夜折磨他。受到Senex的影響而不敢離開帶來滿足基本需要、安全的枯燥工作,但在有自由時,不受拘束、不受控制的Puer又不能讓他好好產出創作;在這個狀態下,他的Puer佔領了他,而他卻無法駕馭他的Puer。

親密關係:在作品中演進的個體化歷程

從《卡夫卡日記》中,可以看出他對於親密關係的渴望、擔憂以及焦慮。在當時的時空背景下,他在約28歲時,不斷在日記中提到身為單身漢的擔憂「身為單身漢似乎很糟,年老時勉強保持尊嚴請求別人接納」,以及對成家的渴望及絕望「想到我將永遠無法讓自己和妻兒來坐滿這三張椅子或是任意三張椅子,我感到對這種幸福的一股渴望,這股渴望從一開始就如此絕望,乃至於我在激動

有心與無心:如果卡夫卡的日記是Bion的Caesura

的心情裡向律師提出了這漫長的宣讀過程中我僅存的一個疑問，這個疑問一提出來，就立刻揭露出我完全誤解了剛剛才被宣讀的一大段文字」。同一年底，他持續這樣的絕望，而提到「一個注定沒有子女的不幸之人被禁錮在他的不幸中」。

約29歲時卡夫卡寫了《司爐》、《變形記》、《判決》，這段時期的多產與當年的感情狀況有關。認識並且與菲莉絲「相戀」後，進而在感情中得到完整性及創作的爆發力。他1912年8月13日認識菲莉絲，9月20日寫下第一封給菲莉絲的信，9月22日一夜之間寫出短篇小說《判決》並提獻給菲莉絲，是他第一篇自覺滿意的作品。在他日記中記下他在22日到23日夜裡從晚上十點到早晨六點一口氣寫完《判決》，以及他內心的激動：「寫作就得要這樣，必須要一氣呵成，在身體和靈魂都全然開放的情況下。」炙熱的愛打開他的身體和靈魂，應是和自我強烈連結並且使得創造力無拘無束揮灑的時刻。開啟他人生中第一個創作高峰期，接著寫出《司爐》、《失蹤者》、《變形記》。

此時這份感情的投射成分強烈，更多應是與卡夫卡與心中所渴望的理想女性伴侶原型相遇。與其說遇見了夢中情人，我認為卡夫卡在菲莉絲身上，遇見了他的阿尼瑪，

成為他創作的繆思。在與潛意識中的阿尼瑪對話後，在愛裡被接納、接住的感受，讓卡夫卡得已遵從他的Puer，完成作品。他提到他完成《判決》的過程就是Puer處事的方法，激情、衝動。

　　他與菲莉絲並不在同一個城市，1913年3月他才第一次去菲莉絲居住的柏林拜訪，而這場約會打破卡夫卡的幻想，他們共度了痛苦的幾個小時。6月卡夫卡開始寫信向菲莉絲求婚，又同時向對方列舉他不適合結婚的原因，這個過程相當糾結。直到1914年4月，菲莉絲突然接受求婚，5月底兩人舉行儀式。在7月菲莉絲與朋友在一家旅館對於卡夫卡進行了一場「審判」，卡夫卡接受指責，兩人解除了婚約。8月卡夫卡開始專注於寫作並宣稱：「非寫不可，是為了自保而奮鬥」。年底他完成長篇小說《審判》大部分的章節，應是對於這段經驗的回應。這一年，他還寫出了《在流放地》以及《失蹤者》中重要的一章。愛時和失去愛時，強烈情感讓理智相形失色，因此斬斷世俗框架的枷鎖，讓潛意識中的幻想成為素材，完成創作。

　　卡夫卡和菲莉絲的關係直到1916年，卡夫卡約33歲時，有了轉機。兩人在7月到溫泉療養地共度十天，相處融洽。1917年卡夫卡與菲莉絲在7月重新訂婚，但是8月肺部突然大出血，12月他以生病為由，正式結束這段長達五

  有心與無心：如果卡夫卡的日記是Bion的Caesura

年的戀情。

　　這一段關係在《卡夫卡日記》中，有相當多篇幅敍述他內心的掙扎，許多自我對話不斷反覆拉扯於放棄獨處進入婚姻對於他文學創作造成威脅的恐懼，以及渴望擁有家庭及伴侶的糾結中。在關係的後期，雙方對彼此有更多了解後，卡夫卡體悟到兩人對於關係、生活的期待落差。他在日記裡提到：「我們還不曾共度過片刻美好時光，是我在其中能夠自由呼吸的。」呈現出在以投射爲主的熱戀期過後，現實相處中，菲莉絲並無法觸動卡夫卡的靈魂。追求自我（Self）時，對生命完整性（wholeness）或連續性（continuity）的渴望，卡夫卡最終認清無法在菲莉絲身上找到。

　　卡夫卡在日記中也提到：「我對我的要求寸步不讓，我要的是一種脫離實際的生活，只以我的寫作爲考量；她對我所有的沉默央求都無動於衷，她想要的是平常生活，舒適的公寓，對工廠感興趣，豐富的食物，晚上十一點上床睡覺，有暖氣的房間，把我從三個月前就調快了一個半小時的手錶調回正確的時間。」從這段描述中，不難看出Senex和Puer的拉扯，一邊要的是日常安穩、現實物質世界的舒適，另一邊絕不肯放棄理想及創作的自由。

　　我認爲這不只是卡夫卡站在Puer的位置，而菲莉絲

站在Senex的位置拉扯。而更多是卡夫卡內心長期同時有Senex和Puer的力量在抗衡，在他內心中基於恐懼總是不敢放棄雙方可能帶來的好處。他嚮往的理想與自由較像是他的本性，但是由父親、家庭、以及社會價值系統灌輸他的概念，也就是Senex所代表的系統中的權威觀念，給予卡夫卡恐懼，恐懼一旦沒有走上這個尋常路，將會成為他所害怕的孤獨單身漢。他數次提到他自己性格中的軟弱，使得糾結更加難解。

在卡夫卡最終以生病為由終結這段關係時，他在日記中提到：「如果你的肺癆就如你所說的是個象徵，象徵著傷口，發炎的症狀代表著菲莉絲，而傷口的深度證明了其正當性，如果是這樣，那麼醫生的建議（光線、空氣、陽光、靜養）就也是象徵。抓住這個象徵。」卡夫卡的作品充滿幻想式的隱喻，從這裡我們也可以看到卡夫卡在人生的決定上，也非常看重象徵的力量。

在他的日記裡，有大量篇幅提到菲莉絲，但對於可能是他人生中最炙熱的一段感情——米蓮娜，著墨不多，有可能要從他給米蓮娜的信中探討他的心理歷程。但是他把在此以前的日記交給米蓮娜，可以看出他對米蓮娜的信任跟從米蓮娜身上感受到的理解。這段感情的結束讓他在約39歲這年寫出《城堡》，成為卡夫卡的小說藝術的巔峰。

《城堡》這篇小說中主人翁K至死仍找不到一個進入城堡的方法，這裡的城堡很明顯是官僚系統的象徵。

他的作品帶著夢、幻想的性質，無論是架構或內容都充滿象徵。他在象徵中，把自己的內在轉化為故事而得到昇華。不合邏輯的荒謬劇情卻能使讀者映照出日常生活中忽視的存在本質。我認為這是卡夫卡藉由Senex與Puer共同合作的力量，使他的作品為廣大讀者帶來深刻影響。他的作品中，用非常寫實的手法把場景形容的很貼近現實，並且深入探討官僚系統、社會世俗期待，如同Senex的力求務實，但故事情節所帶來的詭異（例如：人變成蟲）、荒謬（例如：主角用盡一切至死也不知道城堡的秘密），明顯是Puer帶來的跳脫框架與創新。這兩者同時呈現，給讀者帶來的對比造成莫大衝擊。

為什麼卡夫卡的作品對這個世界帶來如此巨大的影響呢？如果卡夫卡只是在作品中，以他個人的觀點處理他對他自己、對身邊的人、對所處的社會，乃至於這個世界的不滿，又為什麼有如此廣大的讀者在他的作品中找到共鳴，使得他的作品在這個世界上繼續神采奕奕地活著？我想關鍵就是Senex-Puer原型的力量。卡夫卡用他的作品描寫了他內心的以及這個世界的Senex-Puer原型，而這個原型本就活在每一個人、每一個情結（complex）

之中。當我們讀到他的作品，也就引著我們去看Senex-Puer之間的拉扯，在奇幻的情節中，得到對於Senex-Puer動力的觀察、理解以及宣洩。

寫日記是一個與自己對話的過程，他記下他的孤獨與痛苦，也記下寫日記為他帶來的喜悅和欣慰：「我再也離不開我的日記了。我得在這裡抓緊自己，因為唯有在這裡我才做得到。我很想解釋在如同此刻的某些時候我心中感到的幸福。那真是一種會嘶嘶冒泡、讓我充滿了輕鬆愉快的震顫，讓我相信自己擁有能力，那些我時時刻刻，包括此時此刻，都能說服自己它其實不存在的能力」他與他的作品成為一體，卻又從未真正決定要感到滿意，就如同他從未停止過自我懷疑。

「打開日記，就只為了讓我能夠入睡。」相信是Puer的奔放在Senex的疏導下，沉澱於日記之中，使心神得以安放。他的生命因病結束在41歲這年。不知道如果他得以活到年老，他是否仍是那個永恆少年。

註1：Slater, G. (Eds.) (2005). Senex & Puer (Uniform Edition of the Writings of James Hillman Book 3). Spring Publications.

 有心與無心：如果卡夫卡的日記是Bion的Caesura

楊孟儒

台灣及加州認證臨床心理師

現於加州執業

現於萊特學院臨床心理博士班兼任學生指導

曾任台大醫院臨床心理師

美國約翰甘迺迪大學臨床心理博士

台灣大學臨床心理碩士

第二章
空不異色：我對文學不感興趣，
我就是文學本身

陳建佑

文學是生命的一種形式，或者文學有自己的生命？

　　臺灣歌手Matzka在2023年金曲獎獲頒最佳原住民語專輯獎時的致詞：「我們是一個沒有文字的民族，很多歷史、神話都是靠口述、歌謠傳下來的。很高興我現在也在做類似的事情，也很高興大家在做這樣的事情。」

　　書寫別於口語，可以更廣泛與長久地保存知識，而臺灣原住民的口述文化遇到了外族的書寫文化，這樣的差異產生了一個好奇：人的內在世界，存在了什麼，啟動了書寫的嘗試？知識，拆開來理解，是知道了再認識、先有感官，再理解它；佛教對於感官描述是，於外有「六塵」（色、聲、香、味、觸、法），通過身體的「六根」（眼、耳、鼻、舌、身、意）產生對六根理解的「六識」。

《英華大辭典》的literature詞條有4條釋義，明定了以「文學」對譯第3義「除哲理及科學外，凡神靈思想為其資料，離奇變幻為其形式，或實記或杜撰者，皆文學也」（〈文學〉維基百科）。作家透過自己置身世界的生命經驗而產生的想法，寫下了作品，而有書與文字作為媒介記載的需求。「影響書本演化的條件，從來就不只是原料材質、製作方式或寫作內容，更包含了人類試圖跳脫空間與時間限制，傳遞某段訊息的嘗試。」（王健安。書本的故事，就是愈來愈多人能參與閱讀與書寫的故事：《書的演化史》。2016）

　　書本作為媒介、文學作為形式，把自己的「識」轉為他人的「塵」而開啟一種循環。這些故事在傳遞的過程，是許多個「兩個人」的在場，其中一方專注地說、另一方專注地聽，而其實說的那方，或許也處在專注地聽的狀態——他在回想當他做為聽的那一方時，那「兩個人」的場景。

　　「在閱讀瑞士畫家史陶博·伯恩的書信集後，卡夫卡在日記裡評論道：『一本書信或回憶錄，不管作者是什麼樣的人……如果我們在閱讀時靜止不動，不用自身的力量將他拉進自己的體內……而是獻上自己——只要不去抵抗，很快就會發生——讓自己被那個陌生人拉走，成為他

　　有心與無心：如果卡夫卡的日記是Bion的Caesura

的親人，那麼當我們闔上書本，重新回復自我，經過這趟神遊與休息，重新認識了自己的本質……』」（卡夫卡日記，姬健梅譯。耿一偉，卡夫卡日記導讀：成爲卡夫卡的親人與朋友，p.4，商周出版。）

　　獻上自己地閱讀日記的過程，與專心地聽口述或歌謠的過程，一群類似的動作發生了：不抵抗、不說，好像原本可以與世界相處的自我，停止了那些可以被外界觀察到的動作，像是重新演出子宮內胎兒的動作。

　　Bion在《Two Papers: The Grid and the Caesura》一書前言，引述了猶太哲學家M. Buber的著作〈I and Thou〉的段落（Martin Buber, 1923, I and Thou）"... in his mother's womb man knows the universe and forgets it at birth." 「在母親的子宮裡，他知道宇宙，並在出生時忘記它。」

　　要如何記得忘記的事呢？如果依佛洛伊德關於遺忘的概念，被意識遺忘的事情並非消失不見，而會以行動的方式記得，或者說這是一種行動的失憶；那麼有意識地重演胎兒的行動，成人能否想起什麼呢？

　　「我對文學不感興趣，我就是文學本身。不然我甚麼都不是，也不可能是其他的。」卡夫卡在一九一三年八月二十四日給未婚妻菲莉絲的信中，如此寫道。（耿一偉。

卡夫卡日記導讀，p.6）

　　卡夫卡不再只是口述或者寫文學，他直接將自己的生命，生命中的一舉一動等同於文學，因此他的文字就不僅是計算精良的段落安排或者技巧運用，也包含了更多隱晦與未知——回到生命最早、還沒有語言或客體的時刻，在那裡耕耘。

在寫與讀的親密關係中誕生的知識

　　M. Buber，奧地利猶太裔和以色列哲學家，其聞名的對話哲學是存在主義的一種形式；其中〈I and Thou〉是他著名的著作，這本書的一個主要主題是，人類的生命在於關係中找到其意義。在Buber的觀點中，我們所有的關係最終都將我們帶入與上帝的關係，上帝是永恆的「你（Thou）」。書中他解釋，人被兩個語詞配偶定義：我—它（I-It），以及我—你（I-Thou）：

　　「我—它之中的『它』指的是經驗和感覺的世界。我—它將實體（entities）描述為從已被定義的集合中提取的離散客體（例如，他、她或任何其他客觀實體，是由與其他實體明顯不同而被定義的）。可以說，一個人的生命中有多少個『它』，就有多少個『我』與每個『它』截

然不同的關係。從根本上來說，『它』指的是我們所經歷的世界。」（Wikipedia。〈I and Thou〉）

　　「—」意味著連結，嬰兒要先能與世界產生關聯（Winnicott對於客體關聯的概念，是做爲部分客體地被嬰兒全能地在想像中使用），才有機會走到使用世界的階段（因爲可以與眞實客體建立關係，所以能夠使用他們所帶來自己無法想像的經驗與材料）；但這個從客體關聯到客體使用的歷程，就如Bion描述transformation in O的歷程，到底在O這個不可知、絕對眞理的所在之中，發生了什麼變化，最終反映在transformation in K，這個意識或者知識的轉變？

　　「相比之下，『我—你』這個詞對描述了關係的世界。這個『我』並不將任何『它』具體化，而是承認爲一種活生生的關係。無論多久，『我—你』的關係得以在『我』的精神和思想中維持，關係的感覺或想法是主要的感知模式。」（ibid.）

　　「一個人坐在公園長凳上旁邊的陌生人旁邊，只要開始對人們抱有積極的想法，就可以進入與陌生人的『我—你』關係。……對於陌生人來說，並不需要他意識到自己被捲入『我—你』的關係，這樣的關係也可以產生。但關鍵在於理解『我—你』這一詞組既可以指與樹、天空或

公園長凳本身的關係，同樣也可以指兩個個體之間的關係。『我—你』的本質特徵是放棄感官世界，融化其中的界限，使與另一個『我』的關係成爲最重要的事情。」（ibid.）

從對於眞實世界的一個看法旁，誕生另一個看法、或者說是從個案堅持自己對自己的理解，一路到可以參考治療師對他的理解，這個治療者與個案之間各自語言的不同，或者說停頓，是因爲不斷溝通與交換意見帶來轉變？還是在caesura的停頓中，有類似於回到胎兒的心智狀態所帶來新的理解？

「我—它」或「我—你」後者的「本質特徵是放棄感官世界，融化其中的界限，使與另一個『我』的關係成爲最重要的事情」，似乎會覺得後者與前者是互斥的，但 Buber「提出的『我』的兩個概念都需要將『我』這個詞與其他詞語結合在一起。將『我』分爲『它（it）』和『你（thou）』這兩個個別詞語只是爲了分析的目的。」（ibid.）

這既是分離、又是融合同時存在的弔詭狀態，是用來描述「我」的，也像是在描述出生前、出生後的心智狀態，或者古典精神分析的三人關係與Winnicott和Bion描述的生命早年狀態，這都是人，或者說，我們不只是意

識得到的，也是無意識的。

「當接近無意識時——也就是說，我們不知道的東西，而不是我們知道的東西——我們，病人和分析師一樣，肯定會受到干擾。……每個診療室裡都應該有兩個人相當害怕：個案和精神分析師。如果不是這樣，人們不禁要問，他們爲什麼要費心去了解大家都知道的事情。……作爲治療師，如果我們不能忍受由此產生的混亂，我們就會用已知的欲望和概念來填充它。因此，我們在自己身上具體化了一種『虛假的確定性』。在某種程度上，我們這樣做，我們抑制了我們自己的想像力，從而抑制了我們的個案的想像力，並與我們的個案一起生活在倒塌的混凝土領域，在那裡失去了『夢想』。」（Kristin Fiorella. Gaps in Our Stories: Form and Emptiness in Case Formulation. (2013). Fort Da, (19)(2):41-56。陳瑞君譯）

因爲有了身體，才有了感覺，因爲身體是活著的、不斷變化的，所以感覺會一直出現；然而精神分析的其中一項工作，是要從這個常識之中的斷裂，發現眼前這個世界的其他可能。從十分具體的感官出發，卻只能使用容易被心智具體化的智識阻礙的想像力，在雙方努力忍受混亂的途中、或者如Buber描述，透過對某位不須知情的陌生人

的好奇，可以讓自己在「我—你」之中重拾感受與經驗，如在閱讀瑞士畫家史陶博——伯恩的書信集後，卡夫卡在日記裡評論道：「一本書信或回憶錄，不管作者是什麼樣的人……如果我們在閱讀時靜止不動，不用自身的力量將他拉進自己的體內……而是獻上自己——只要不去抵抗，很快就會發生——讓自己被那個陌生人拉走，成為他的親人，那麼當我們闔上書本，重新回復自我，經過這趟神遊與休息，重新認識了自己的本質……」（耿一偉。卡夫卡日記導讀，p.4）

因為有了身體，才有了感覺，因為身體是活著的、不斷變化的，所以感覺會一直出現，把自己交出去，如返回Bion描述的「孩子出生前的生活是一種純自然的聯繫，一種相互流動的關係，一種身體上的相互作用；發展中的生命的生命視野，似乎被獨特地銘刻著，但也可說沒有被銘刻在帶著它而存在的生命裡；因為它駐足所在的子宮，不僅僅是人類母親的子宮。」（Bion, W.R. (1977/1989) Two Papers: The Grid and the Caesura, London: Karnac.。蔡榮裕譯）

或許是思想最原始的樣子，純然的感覺、沒有語言存在的聯繫；從胚胎的神經生理功能開始運作前，就是處在一個客觀世界的兩人狀態，但從這個子宮出發，嬰兒還需

  有心與無心：如果卡夫卡的日記是Bion的Caesura

要走上許久，才能發現在更外面的子宮裡（社會群體，如Buber描述的「我—你」經驗到的）的自己；也像是說，孩子要如何才能不從父母的眼睛看世界？

Bion提到了「分析師必須使用我們希望的非病態的分裂方法（non-pathological method of splitting），因為呈現給我們的整體情況，超出了我們的能力範圍，正如我們假設嬰兒無法理解我們稱它為成人的世界那般一樣。……它們是現在和可能未來的智慧和知識所依賴的材料。它現在不可理解，因為我們的心智（mind）不適當或不適於理解它，但這並不是限制這些事實的理由，畢竟它就是在那裡隨手備用。」（Bion, W.R. Two Papers: The Grid and the Caesura。蔡榮裕譯）弔詭地要回到嬰兒的狀態，來經驗嬰兒無法理解的事。

因為有Bion這些與思覺失調症工作的分析師，讓我們理解正常心智的深處，如他描述的人格是像洋蔥一樣有很多層皮，或可被理解為嬰兒逐漸長大的遺跡：在長出下一層皮之前，已經存在一個完整的世界了——嬰兒只能看到現實世界的一部分，但是在那個當下，他已經認為這是世界的全部了；而在每一次的停頓發生後，新的世界（洋蔥皮）誕生，源於猛然發現過去的世界旁邊還有另外一層，就像當伊底帕斯最終發現他的追尋竟然也實現了最初

的預言後，刺瞎了雙眼，雖然這是悲劇的行為，但盲目的雙眼卻能看「不見」，這個行動如開啟認識潛意識的隱喻，每個在當下想到的過去，不再只是看成過去，而是成為當下潛意識的代名詞；我不再是我，像是一開始提到的將自己奉獻出去讀別人的日記般，為了重新認識自己的本質——自己與自己（基於時間而來）的斷裂caesura，變成等待穿透的停頓caesura。

時間與邏輯在這巧妙的思考中長出了新的樣貌「我們在分析過程中聽到的這些觀念，雖然現在是自由聯想，但在某些時候是詮釋。我們正在處理一系列的皮膚，它們曾經是表皮或有意識的，但現在是『自由聯想』。」（Bion, W.R. Two Papers: The Grid and the Caesura。蔡榮裕譯）

有之外的無，色之外的空

「把全部的日記都交給了米蓮娜，大約在一個星期前。覺得比較自由了嗎？不。我還能夠再寫類似日記的東西嗎？不論如何，它將是不同的了。它將會閃躲隱晦，將根本不是日記⋯⋯假如我想在日記裡寫下些什麼，那將會極其吃力。感覺上就像是我早已經寫過有關他的一切，或

是彷彿我已經不在人世，而這兩者並無二致。我也許可以寫米蓮娜，但也並非出於自由的決定，而且那也太過於針對自己，我無須再像從前一樣刻意讓自己意識到這類事情，在這一方面我不像從前那麼健忘，我就是活生生的記憶，失眠即因此而起。」（耿一偉，卡夫卡日記導讀，十月十五日，p.349）

　　閱讀日記，是把自己交給另一個人，完全成為他，但在心智一旁仍保有自己的思維；像是演繹著自己（讀者）在看著自己對自己說話（日記內容），如自己是個幽魂，置身說話的當下沒有被察覺的世界；這種「無我」的視角，如同宣告「過往的種種確信」的結束，這種斷裂caesura的經驗，像是一個「事後」的死亡：因為「現在的活」才能回頭感受過往未曾感受，因此在過去形同不存在的死亡。在理解「死亡」的內裡，浮現一種嶄新的連結的「活」。「死」帶來的不只是那個狀態當下的虛無，還包括在這虛無之中即將誕生的嶄新發現，如Rudi Vermote在《Reading Bion》描述的：「正是在破壞性的經驗中，在我們的思維和感知中出現裂痕，才揭示出還有其他看待和思考未知世界的方式。這些中斷嵌入在比昂的caesurae概念中，這是世界相遇的一個點。在這些點上，我們有其他東西的感覺，但仍然保持不變……」

在治療室中，需要語言（占了空間）來突顯沒有被說的空白，那個空白如所說出的語言的另一面，他們有了彼此才稱得上完整在表達一件事；這也隱含一種時間性，我們很難同時說與不說，如同再現了一件事，面對父母第一次賦予嬰孩世界的現象意義時，嬰兒尚未有能力回應，只能照單全收；屬於嬰兒的思想還沒建構起來，因此只存在一種可能。也如Bion描述的，我們會發明（我的聯想：向記憶借用）一些東西，來填補我們對於這個巨大無知、不知的領域（Bion(1976)Tavistock Seminar）。但嬰兒逐漸長大後，擁有做夢的能力，這個過渡空間裡有一種有生命力的空白，在這裡，無論是從父母給予的部分發現屬於自己的空白，還是從自己的部分發現父母沒能說的空白。

「一場短短的夢，在不安而短暫的睡眠裡，在無邊的幸福中不安地緊緊抓住了我。這個夢有許多分支，包含千百種同時豁然明朗的關係，留下來的幾乎就只有對那份基本感受的記憶：

我的兄弟犯下了一件罪行，我想是殺人罪，我和其他人是從犯，懲罰、解決和救贖從遠方逐漸接近，變得愈來愈大，從許多跡象都能察覺它們在不斷接近，我妹妹一直在指出這些跡象，而我總是用瘋狂的呼喊來回應，這份瘋狂隨著它們的接近而加劇。我的呼喊是些短短的句子，由

有心與無心：如果卡夫卡的日記是Bion的Caesura

於淺顯，當時我以爲我永遠不可能忘記，此刻卻連一句都記不清。那只可能是呼喊，因爲我說話很吃力，必須鼓起臉頰，同時像在牙痛時那樣歪扭著嘴巴，才能吐出一個字來。幸福在於：懲罰來了，而我幸福快樂地迎接它，如此輕鬆自在、深信不疑，這一幕想必會令諸神感動，而我也感覺到衆神的這份感動，幾乎要落淚。」（卡夫卡日記。十月二十日，夢：兄弟的罪行。p.351）

　　圍繞著同一件事或夢的詮釋、「千百種同時豁然明朗的關係」難以碰觸的事，最終是可以碰觸的事？或者會像是卡夫卡描述的，一種基本的感受——當我們回到最初的心智狀態，該感到歸鄉般的喜悅，還是陌生的恐懼？蔡榮裕醫師比喻有個生命早年就離家的自己，持續長大，但現在似乎我們要換個角度，自己扮演起那個離家出走的人，那是什麼感受？

　　有種說法是，可以用那種語言思考，就如同達到了母語的程度，但即便是成爲母語程度的第二語言，在思考時也會帶來不同感受，這或許能類比於，面對生命的原始情狀，我們沒有語言的窘境：我們該拿什麼來思考這種沒有媽媽（客體）的事？自己成爲客體？還是接近Bion描述非病態的分裂方法（non-pathological method of splitting），去理解成人語言以外的事？

「他沒有辦法踏進那間屋子，因為他聽見一個聲音對他說：『等著，等到我帶你進去！』於是他就這樣一直躺在屋前的塵土中，雖然一切都已經毫無指望（就像撒拉會說的）。（譯註：聖經中亞伯拉罕的妻子）」（卡夫卡日記，十月二十一日，p.351）

當母親的可靠不再真實、當眼前所見，心中所想可能象徵著摸不著的無可感知，想要繼續緊抓不放的，如那句「等著」，等到人們發現：

「……一切都是想像，家庭、辦公室、朋友、街道，一切都是想像，或遠或近，女人；而最為接近的真相卻只是：你在一個沒有門窗的牢房裡把頭抵在牆上。」（ibid）

當心中所設想的真實可能象徵著摸不著的無可感知，想要繼續緊抓不放的，如那句「等著」，等到人們發現：對於這些絕望或者災難性地恐懼的斷裂，卻可能促使演變（evolution）「關於『記憶』，我認為主要是與感官印像有關的經驗；關於『演變』，我認為是基於並非以感官為背景的經驗，而是用從感官經驗的語言中派生出來的術語來表達。」（Wilfred Bion (1967). Notes on Memory and Desire. CWB V: 203-210。蔡榮裕譯）

從藝術家、音樂家、科學家、發現者之所以能有如

此豐富的創作，也許是因爲他們是敢於接受這些過渡的思想和觀念的人，「重要的不是病人是邊緣型精神病患者、精神病患者還是官能症患者，而是他是完整性格的減去什麼⋯⋯」（Bion, W.R. Two Papers: The Grid and the Caesura。蔡榮裕譯）完全或反抗認同詮釋的兩難（ambivalence），如此的困境或也可描述，這是我們再次回到現場時的困境，因爲這次得要自己找語言了——Bion指出的minus⋯⋯「你在一個沒有門窗的牢房裡把頭抵在牆上」哪裡可以進去呢？

「空不能離開五蘊，五蘊本身就是空。⋯⋯色是物質現象，存在於空中，由於有空，色的物質現象，才能經常變化及變換它們的位置、形象、關係，所以感覺到有這麼許多東西存在。⋯⋯因爲有變化才曉得它的存在⋯⋯」（聖嚴法師。心的經典：心經新釋。第一篇心經禪解）

有與無、色與空才是完整的樣貌，生命是涵蓋有語言的精神官能症部分以及沒有語言的精神病症核心，既可以說這是兩個不同的部分，也可以說這是兩個互補的部分。

「⋯⋯觀世音菩薩接著告訴舍利子說：『色即是空，空即是色。』這是說：我們的色身，無非是以四大爲因緣而起生滅變易的延續現象，眞觀色身的本身就是無常（非不變的）、是無我（非獨存的），合而言之就是空的（非

實在的）。反過來說，這無常、無我的空相，絕非一無所有的空，而是因緣而生，宛然存在的身體。如此，色與空，空與色，只是一體兩面的說法，彼此是沒有分別的。」（ibid）

因為色的存在，才能觀察到無常，亦如詮釋非只為了知識的傳達，也為了促使更多的自由聯想，讓這些聯想回返來重新建構作為起點的詮釋的意義；碩多的理論引援，是為了凸顯這麼多的色之外，無以識知的空。或者如卡夫卡描述的，要真的置身於色的絕望中，同時才感受空：

「……無法在活著時好好處理生命的人，需要用一隻手來稍微抵擋對於自身命運的絕望——這事發生得非常不完美——，但是他能用另一隻手寫下他在廢墟底下看見的東西，因為他看見的與其他人不同，也比其他人更多，畢竟他在活著的時候就死了，是真正的倖存者。前提是，他不需要用上兩隻手（或是比他所擁有的更多的手）來對抗絕望。」（卡夫卡日記，十月十九日，p.350）

有心與無心：如果卡夫卡的日記是Bion的Caesura

用一束黑暗照進黑暗之中，用斷裂橋接有與無、色與空

　　因為色的存在，才能觀察到無常，亦如詮釋非只為了知識的傳達，也為了促使更多的自由聯想，讓這些聯想回返來重新建構作為起點的詮釋的意義；碩多的理論引援，是為了凸顯這麼多的色之外，無以識知的空。或者如Winnicott描述：「我的病人達到了這樣的境界：唯一真實的東西是間隙；也就是說，死亡或缺席或健忘症……，結果證明，對我來說，重要的信息是，可能有一個空白，這個空白可能是唯一的事實，唯一真實的東西。失憶是真實的，而被遺忘的東西則失去了它的真實性。

　　……這是一個孩子的照片，這個孩子有一些過渡的物體，有一些明顯的過渡現象，所有這些都是某種東西的象徵，對孩子來說是真實的；但是漸漸地，也許有那麼一段時間，她不得不懷疑它們所象徵的東西的真實性。也就是說，如果它們是她母親的忠誠和可靠的象徵，它們本身是真實的，但它們所代表的東西卻不是真實的。母親的奉獻和可靠是不真實的。」（Winnicott, D.W. (1971). Playing and Reality. , 1-156. London: Tavistock Publications. p.22, p.24）

病人在經歷了所有的失落之後，得出了以下結論：「我所擁有的就是我所沒有得到的。」Winnicott認爲這種立場是「一種絕望的嘗試，試圖將消極轉變爲對抗一切終結的最後防線。消極是唯一積極的。（ibid, p.24）」（Anderson, J. W. (2014) How D. W. Winnicott Conducted Psychoanalysis. Psychoanalytic Psychology 31:375-395。陳瑞君譯。20230627山風頻道）

　　「在爸媽的房間裡寫信。衰敗的各種形式是難以想像的。最近想像著我是個小孩，被父親打敗了，由於不服輸而始終賴在格鬥場上不走，經過這麼多年，儘管我一再被打敗。——一直想著米蓮娜，或者並不是她，而是一個原則，是黑暗中的一道光。」（卡夫卡日記，十二月二日，p.353）

　　卡夫卡曾經的愛人米蓮娜不再只是她了，好像也從「我─她」之外發現了「我─妳」，從外在的感官經驗（可能是被注視與理解的愉悅、欣喜，可能是軀體碰觸的感官……），發現到了關係之中的感受——如果妳不在身邊了（後來米蓮娜仍然決定留在她丈夫身邊），現在想到的「你」是什麼？

　　佛洛伊德描述憂鬱的有名說法「客體的陰影落在自

我之上」，換個方式想，也可解釋爲客體離開了，才看得見那個被客體「代名」的自我、或者得以指向形成陰影的光源。因爲有所不同或斷裂，我們才有機會看見過去無視之事；得嘗試離開成人式的思考，回到生命早年的心智狀態，如Bion提到的雙目視覺，創造不同的視角，用一束黑暗照進潛意識的黑暗中。

客體是必須但不是必需的，是適合欲望但不宜獲取的；

「摘自一封信：『在這個悲傷的冬季，我藉此來取暖。』隱喻是寫作上令我感到絕望的事物之一。寫作不是件自主的活動，要倚賴女傭生火，倚賴在火爐邊取暖的貓，甚至倚賴正在取暖的可憐老人。所有這些活動都是自主的，自有其法則，唯獨寫作是無助的，不能自給自足，既帶來樂趣也令人絕望。」（卡夫卡日記，十二月六日，p.353）

令人感到哀傷的是如卡夫卡描述，寫作是不自主的，或者代換爲在治療室之中，分析兩人各自在理解的創作過程，都需要倚賴他人；令人絕望——不斷經驗失落：一次次覺得「這就是解答了吧！」、「這就是對的人了吧！」——但也有樂趣，因爲藉由經驗的失落，發現原來還有那麼些形形色色的自我的碎片。可能還有更

多caesura，像是「失去才知道擁有」、「醒著才知道夢」、「有客體才發現自我」——是摧毀後倖存的客體，讓自我內化了經驗毀滅情緒的能力，從而區隔現實與幻想、區隔自我與客體——，還有這段自我無情地把客體當成部分客體使用的無明過往的痕跡：摧毀在潛意識裡，持續存在；這件事作為減去什麼……，展現為我們無可避免地需要客體、需要無止盡的詮釋。

「無無明，亦無無明盡；乃至無老死，亦無老死盡。……從無明到老死一共有十二個階段，顯示生命的過去、現在、未來三世流轉的過程……十二因緣是：無明、行、識、名色、六入、觸、受、愛、取、有、生、老死。其中『無明』和『行』屬於過去世。『識』屬於過去到現世的主體，故跨越過去世與現在世，乃至未來世。『名色』到『有』屬於現在世，最後的『生』和『老死』屬於未來世。『老死』以後又再『生』，『生』一定又從『無明、行、識……』流轉不已。」（聖嚴法師。心的經典：心經新釋。）

在這流轉不已的現世輪迴，仿佛也發生在治療室的框架中，Bion提醒我們擱置思考、控制和判斷等心智狀態，在會談中「成為O」（become O），意味著「接觸幻覺層（halucinatory layer）、未分化的心智功能層

有心與無心：如果卡夫卡的日記是Bion的Caesura

級⋯⋯是此時此刻與患者同在的一種純然情感經驗」，於其中，治療師「保持自由懸浮注意力並盡可能地開放⋯⋯在時空框架之外進行分析，最大程度地認同病人，同時不感到分隔地接觸他／她自己內在發生的事情。」（Rudi, Reading Bion）

在生起感官時，藉由caesura的識勾起過去的無明與行，展開朝向客體、最終再繞回自己的旅程，建構我們對於世界的認識之後再解構，然後再建構並再解構⋯⋯；每個在當下想到的過去，不再只是看成過去，而是成為當下潛意識的代名詞；我不再是我，是將自己奉獻出去讀別人的日記般，為了重新認識自己的本質——自己與自己（基於時間而來）的斷裂caesura，變成等待穿透的停頓caesura。

「我很少能走出寂寞和群體之間的邊界地帶，我定居在那兒的時間甚至比住在寂寞中更久。相形之下，魯賓遜的小島真是一片活潑熱鬧的土地。」（卡夫卡日記，十月二十九日，p.352）

客體和主體、有跟無、建構與解構、色與空⋯⋯在一雙雙對偶的生滅中，來到生命／創意初始誕生的跟前——從母親身體離開，成為兩個人的那一霎那，那個中介地帶、卡夫卡描述的在人群與絕對孤單的中間，既有感

官、又因為還沒出生所以有無限可能地，存有對宇宙的認
識——這些不是我的都是我的瞬間。

陳建佑

精神科專科醫師

臺灣精神分析學會會員

精神分析取向心理治療師

高雄市佳欣診所醫師

聯絡方式：psytjyc135@gmail.com

與談人：翁逸馨

　　建佑醫師引述了「在母親的子宮裡，他知道宇宙，並在出生時忘記它。」這句後寫道：要如何記得忘記的事呢？如果依佛洛伊德關於遺忘的概念，被意識遺忘的事情並非消失不見，而會以行動的方式記得，或者說這是一種行動的失憶。這讓我想多談一下佛洛伊德關於遺忘的想法。

　　佛洛伊德先是在1905年對朵拉的分析後記中提出「用行動化來重複」的概念，接著在1914年的《記憶、重複和修通》（Remembering, Repeating, and Working Through）首次提到強迫性重複，他這麼說：

　　「…the patient does not remember anything of what he has forgotten and repressed, but acts it out. He reproduces it not as a memory but as an action; he repeats it, without, of course, knowing that he is repeating it」.（Freud, 1914:150）

　　「病人沒有回憶起任何他已經忘記和壓抑了的事，但是卻用行動把它表現出來了。他用行動而非記憶來使它重現；他重複它，當然，是在不知道他正在重複它的情況下。」

以及，他也提到了在分析中的重複與記憶的關聯：

…the transference is itself only a piece of repetition, and that the repetition is a transference of the forgotten past…（Freud, 1914:151）

「……移情本身只是一種重複，重複著一段被遺忘的過去的移情……」

As long as the patient is in the treatment he cannot escape from this compulsion to repeat; and in the end we understand that this is his way of remembering.（Freud, 1914:150）

「只要病人在接受治療，他就無法擺脫這種重複的衝動；最終，我們明白這是他記憶的方式。」

佛洛伊德也指出了臨床上常見的現象：

When the patient talks about these 'forgotten' things he seldom fails to add: 'As a matter of fact I've always known it; only I've never thought of it.'（Freud, 1914:148）

「當病人談到這些『被遺忘的』事情時，很少不加上一句：『事實上我總是知道它，只是我從來沒有想起過它。』」

佛洛伊德甚至在此文的第一段開宗明義論及精神分

析技術對於這個記憶的缺又，從早期運用催眠來協助病人進行回憶和宣洩，接著當催眠被自由聯想取而代之後，分析的任務轉爲發現病人沒有想起過的部分。而建佑醫師接著提出：那麼有意識地重演胎兒的行動，成人能否想起什麼呢？這也讓我想到榮裕醫師關注Winnicott所提的psyche-soma概念，也許（這一刻這一世）心靈所遺忘的，身體會記得。我之所以有這聯想是因爲《一行禪師講心經》一書中提到的生死觀：事實上，你在母親受孕之前已經存在。……母親生你之時，並非你出生的那一天，而只是你以這個形相顯現的一天。你一直在那裡。沒有生，有的只是延續。（一行禪師講心經，士嚴法師／江涵芰／張秀惠譯，p.73，橡樹林出版）

除了psyche-soma，延續忘記與記得之間，Winnicott（1974）在《對崩潰的恐懼》一文中論及：

The purpose of this paper is to draw attention to the possibility that the breakdown has already happened, near the beginning of the individual's life. The patient needs to 'remember' this but it is not possible to remember something that has not yet happened, and this thing of the past has not happened yet because the patient was not there for it to happen to. The only way to 'remember' in this case is for the patient to experience this past thing for the first time in the present, that is to say, in the transference. This past and future thing then becomes a matter of the here and now, and is experienced by the patient for the first time. This is the equivalent of remembering, and this outcome is the equivalent of the lifting of repression that occurs in the analysis of the psycho-neurotic patient（classical Freudian analysis）.（Winnicott 1974: 105）

「本文的目的是要引起人們的注意，在接近個人生命之初，崩潰早已發生的可能性。病人需要『記得』這件事，但他不可能記得一件還沒發生的事，過去的這件事還沒發生，因爲病人不在那。在這種情況下，『記得』的唯一方法是讓病人在現在第一次經驗到這個過去的事情，也就是在移情中。這個過去和未來的事情就變成了此時此刻的事情，被病人第一次經驗到。這相當於回憶，這個結果也相當於在分析神經症患者時發生的壓抑的解除（古典佛洛伊德分析）。」

Faimberg（[1998]2012）認爲Winnicott示現了事

有心與無心：如果卡夫卡的日記是Bion的Caesura

後作用（Nachträglichkeit）的實質概念，亦卽現在發生的事情（對崩潰的恐懼），與已經發生的事情（一種原始的痛苦）透過一種有意義的關係關聯在一起。然而這些意義被存放在哪裡？只在身體裡？也在行動裡？還有在hypen這條線裡？以及在caesura裡？我又想起了佛陀所說的：生命在一呼一吸之間。

佛洛伊德與比昂都注意到生命在子宮內與出生後之間的延續性，盈彬醫師提到想像中的嬰孩與眞正的嬰孩碰面了。這些都讓我想起不久前的妊娠與分娩經驗。我記得懷孕時看著2D、3D、4D超音波照，驚嘆著現代醫療科技的發達，認爲超音波照相當淸晰，也不曉得是不是情人眼裡出西施，怎麼看都覺得可愛，但當孩子出生後看到他的第一眼眞是嚇傻了，87分，不能再更像復仇者聯盟電影中，彈指卽可摧毀半個世界的薩諾斯！後來才想到孩子的膚色與長相後來會有所轉變，不變的是摧毀的能力。

建佑醫師提到摧毀後倖存的客體讓自我經驗毀滅情緒的能力以及區分自我與客體，這是引自Winnicott（1968）在The Use of an Object and Relating Through Identification中提到的概念，原段落中最後提到如此使之發展出自己的自主與生命。這讓我想到青少年用盡力氣衝撞這個世界，如同也在用一種摧毀自己的方式

來蛻變成人。榮格留意到許多原始部落的成年禮象徵意義，多年前我也曾看過一部紀錄片，是南太平洋西部的一個島國——巴布亞紐幾內亞，它的成年禮是在身上刻（用利刃像切魚片那樣的刀法）上如鱷魚背般的紋路。世上部落繁多，不論成年禮儀式為何，彷彿越原始越會是以一種近乎摧毀生命的方式行之，這讓我想到Murray Stein（1998）《轉化之旅：自性的追尋》一書的內容。

我還記得莫瑞2012年在台北發表此書時落下了幾滴淚，全場靜默，如今我因為摯愛的伯父驟然離世也不時落淚，這讓我想留下這篇文字作為紀念。諸多有意義的巧合之一，莫瑞在導論中竟也提到卡夫卡，如榮裕醫師的觀點，莫瑞並沒有用昇華來形容卡夫卡的著作，而是用轉化一詞來詮釋《變形記》。此外還提到Victor Turner這位人類學家使用liminality（過渡狀態）來描述人類經歷不同生命階段之間的過渡時期，如青春期，個人脫離兒童時期，但尚未完全獲得成人身分，並非前者、也非後者，立場、姿態及規則都難有所依歸的中間時期。

這讓我想到Winnicott的過渡客體，既非內在也非外在的概念，而是在中間。我想大家一定也都會想到還有他的中間地帶（intermediate zone）和潛能空間（potential space）概念，以及心經的最後一句咒（譯為

有心與無心：如果卡夫卡的日記是Bion的Caesura

去吧！去吧！去到彼岸！成就圓滿的智慧），從此岸到彼岸的中間地帶。

　　莫瑞在此書中以幼蟲蛹化爲蝴蝶的歷程來介紹他對轉化的觀點，呼應我至此的敍述，在蛹到蝶之間，這個轉化的歷程，蛹沒有不見，蝶沒有不在，兩者之間是有延續性的，意義存在轉化歷程之間，關係存於心間。

參考文獻

1. Wilfred R. Bion (1942). Two Papers: The Grid and the Caesura. New York: Routledge.

2. Freud, S. (1953). Remembering, repeating, and working through. In J. Strachey (Ed. & Trans.). The standard edition of the complete psychological works of Sigmund Freud (Vol.12, pp. 147-156). (Original work published 1914)

3. Winnicott, D.W. (2016). Mind and its Relation to the Psyche-Soma. In Lesley Caldwell and Helen Taylor Robinson (Ed.). The Collected Works of D. W. Winnicott (Vol.3, pp.245-258). (Original work published 1949)

4. 聖嚴法師、江涵芠、張秀惠（譯）（2021）。一行禪師講《心經》。台北市：橡樹林。（Nhat Hanh, Thich，2017）

5. Winnicott, D.W. (2016). Fear of Breakdown. In Lesley Caldwell and Helen Taylor Robinson (Ed.). The Collected Works of D. W. Winnicott (Vol.6, pp.523-532). (Original work published 1974)

6. Haydée Faimberg ([1998]2012). Nachträglichkeit and Winnicott's 'Fear of Breakdown.' In Jan Abram 2013. (eds.) Donald Winnicott Today. New York: Routledge.

7. Winnicott, D.W. (2016). The Use of an Object and Relating Through Identification. In Lesley Caldwell and Helen Taylor Robinson (Ed.). The Collected Works of D. W. Winnicott (Vol.8, pp.355-364). (Original work published 1968)

8. 陳世勳、伍如婷等（譯）（2012）。轉化之旅：自性的追尋。台北市：心靈工坊。（Murray Stein，1998）

翁逸馨

自由想心理診所心理師

新北市立聯合醫院精神科心理師

臺北市政府市民心理諮詢特約心理師

新北市政府員工心理諮詢特約心理師

臺北市立重慶國中輔導老師

臺北市東區／南區少年服務中心社工

臺灣精神分析學會會員

臺灣精神分析學會推薦精神分析取向心理治療師

臺灣榮格心理學會臨床會員

正念認知治療訓練講師（英國牛津大學正念中心認證）

與談人：鄭文郁

從佛教的觀點理解卡夫卡《空不異色：我對文學不感興趣，我就是文學本身》

　　佛陀成道後在鹿野苑初轉法輪，宣說四聖諦的義理（Dhammacakkappavattana Sutta; Thanissaro, 2003）。四聖諦即為苦諦（體驗苦的本質）、集諦（體察苦的成因）、滅諦（苦的止息）與道諦（滅苦之道）。苦的巴利文為Dukkha，一般翻譯為「痛苦、不安、與不滿」。佛法研究學者無著比丘（Anālayo, 2003, p.244）認為「不滿足」是最便捷易懂的翻譯。如果我們把苦視為一種疾病，那麼四聖諦的命題與印度古代醫學診斷與治療系統相似。它也和我們現今臨床上對於症狀的理解與處理頗為類似，我們可以把症狀視作苦的現象界呈現，那麼四聖諦便指向我們對症狀的診斷、如何考察症狀的成因、症狀的消除、與治療的方法。佛法認為苦是一個普遍的現象，既無可避免，卻也是覺悟的起點或立基點。因為苦的感受，推動著人類尋求離苦得樂的方法，它也是臨床上個案尋求心理分析或治療的推動力。

　　我們可以從老病死的經驗連結到苦，也可以從其它

有心與無心：如果卡夫卡的日記是Bion的Caesura

的經驗連結到苦的感受，包括與所愛的人事物別離或割捨、無法脫離怨懟憎恨的人，渴望的東西無法獲得，與身心世界不斷變異，無法永遠維持恆定中體察到苦。對於苦的深刻體驗，也正是當初佛陀離開貴族舒適圈，追求覺悟或者從苦中解脫的起點。佛陀的經驗似乎也符合建佑醫師談到的，精神分析的工作，也在從常識的斷裂中，發現其它的可能性。用榮格心理學的角度來說，也就是跳脫自我（ego）與集體意識或文化的有限性與僵固性，與心靈其它的部分連結。這個歷程也被稱作是個體化的歷程，一個勇者的旅程。

對於生老病死裡的「生」，也就是生命的誕生或現象的升起，佛陀也把它歸為苦。離開母親的子宮，意謂著離開熟悉的環境與體內的動態平衡（homeostasis）。正如Bion提到的，離開母親子宮中「未分化的、尚未形成的原始世界」，面臨外在與內在世界的劇烈變動。

另外，身心現象的升起也是一種「生」，伴隨進一步發展，變異，毀滅，與生命現象不斷相續的各種可能性，也可能帶來對未知的無力或不確定感，箇中也含有苦的性質。

佛法從身心的現象體察苦的現象，其中一種考察的角度便是心經裡提到的五蘊（the five aggregates; khandha）的架構，亦即用五種基本的分類或集成來

理解有情眾生身心的存在現象。這包含了物質存有的「色」（matter or material form; rūpa），情感層面的「受」（feeling, emotion, or sensation; vedanā），思考或知覺層面的「想」（cognition or perception; saññā），意志或與行動相關的「行」（volition, formation, or force；sa khāra），與代表意識的「識」（consciousness; viññā a; Boisvert, 1995）。這些存有是受制約的，並且不斷變異的，因此被稱為苦。以視覺活動為例，它是眼根接觸到視覺刺激（色塵），再加上意識的作用而產生的結果。

　　一般人容易把色受想行識當中的意識當成一個穩定不變的「我」，認定這些身心理活動的背後有一個固定的存有、永恆我，或梵我（ātman）。它是「自發存在、永恆的，與常樂的」（Anālayo, 2003, p.208）。佛法的考察結果與現今腦科學的發現一致，認為身心的現象是不斷變動的，非單獨存有的，背後沒有主宰的神或神祕力量。身心現象是依照緣起的法則不斷相續的過程，它如同火的產生，必須要有可燃物、助燃物（氧氣）與燃點作為必要條件，而且缺一不可。燃燒的過程是一個不斷變動，不斷升起消失，或者升起滅去的過程。

　　建佑醫師文章在後半部也提到這個部分，並且引述聖

嚴法師對於色不異空、空不異色，色即是空、空即是色的註解。『我們的色身，無非是以四大為因緣而起生滅變易的延續現象，真觀色身的本身就是無常（非不變的）、是無我（非獨存的），合而言之就是空的（非實在的）。反過來說，這無常、無我的空相，絕非一無所有的空，而是因緣而生，宛然存在的身體。如此，色與空，空與色，只是一體兩面的說法，彼此是沒有分別的。』（聖嚴法師。心的經典：心經新釋。第一篇心經禪解）

那麼，造成苦的原因，依佛法的觀點，便是渴求或渴愛（craving, taṇhā; Rahula, 1959, p.29）。渴求或渴愛與熱切的貪婪（passionate greed; nandiragasahagata）相連。我們渴求於感官的享樂（sense-pleasures; kama-taṇhā），渴求存有（existence and becoming; bhava-taṇhā），並且渴求不存在（non-existence, self-annihilation; vibhava-taṇhā）（Rahula, 1959, p.29）。這三種渴求或渴愛接近於精神分析對於生死本能，或者愛欲本能與破壞本能的理解。就精神分析的觀點而言，渴求或渴愛是一種正常的欲望，帶有想要擁有客體的興奮與渴望。它激發出一種「渴望、好奇，競爭感、與安全，控訴與保護的需要的集合體」（Waska, 2002, p.505），渴求或渴望可能帶來

挫折、惱怒、不耐，憤怒，攻擊與衝突的感受（Harvey,
2013, p.63），它在自我（ego）無止禁的要求客體一
定要某種形式呈現或劑量滿足時，成為病理上的狀態
（Waska, 2002, p.505）。

　　從佛教的內觀禪修裡，透過密集觀察身心現象，能
夠體察到當下身心不斷升起與消失，或者進一步滅去的現
象。生與「死」是一體兩面，也是不斷相續的過程。透過
心智的訓練，能夠更細緻的體察Bion提到的，伴隨著出生
或者生而有的斷裂或停頓（Saecura），它存在於看似不
斷相續存有的過程當中，是容易被我們跟個案忽略的「真
實」。對於臨床上個案或治療關係呈現的材料，Bion也提
到類似的觀點。他說「任何對我們必須處理的材料進行分
類的嘗試，都應被視為臨時的或過渡的；也就是說，它是
從一種思想、想法或立場到另一種思想、想法或立場的過
程的一部分——不是永久性的，也不是調查結束時的停頓
所在。」另外，逸馨與建知醫師提到的遺忘，也許也說明
了心理活動並非恆久不變。它是一個不斷變異的過程。

　　從這個角度理解文學或卡夫卡的日記，佛法的觀點提
醒我們任何記錄的形式都是因緣而生。在這個過程中，沒
有一個恆定不變的卡夫卡，也沒有一個獨存的卡夫卡，更
沒有一個實有的卡夫卡。在閱讀卡夫卡日記的過程中，沒

有心與無心：如果卡夫卡的日記是Bion的Caesura

有一個恆定不變的我們，也沒有一個獨存的我們，更沒有一個實有的我們。卡夫卡在書寫的過程中，我們在閱讀卡夫卡日記的過程裡，都可以被拆解爲五蘊相依，和合而生的過程。

　　卡夫卡與卡夫卡日記，是心經裡提到的「色不異空、空不異色，色卽是空、空卽是色」的體現。卡夫卡既是文學本身，但也不是文學本身。兩者在存有的過程當中，或者被我們理解的過程當中不斷變動，既有某些現象的升起，也伴隨著現象的消失、斷裂、滅去、或者死亡。

從我—它（I-It）以及我—你（I-Thou）談意識與無意識的整合

　　建佑醫師演繹奧地利猶太裔和以色列哲學家M．Buber的我—它（I-It），以及我—你（I-Thou）的關係。他提醒我們我和它，或者我和你兩者有種「既是分離、又是融合同時存在的弔詭狀態」。這種既分離又融合的辯證狀態，與榮格在形容意識與無意識整合的過程相合。榮格在1916年使用超越功能（transcendent function）來回應在分析歷程中，如何與無意識的題材相融的問題（Jung, 1916/1958, p.42）。他認爲現代文明將

人類心智運用導向集中的、目標導向的，與智性化的意識形態。因此，意識與無意識之間便有了不相合或對立的過程（p.45）。這種無可避免的，單向性的意識態度將社會向前推進，卻也帶來心靈的傾斜與斷裂。

　　無意識的意念，意象或情緒侵入意識層面，造成我們或病人的困擾，卻同時帶有平衡意識層面過度偏執的企圖。在榮格早期的著作「精神分析理論」（The Theory of Psychoanalysis）裡，榮格認為精神官能症本身帶有指向性或目的性，並非僅僅是病理的呈現。他認為症狀無用或無意義，只在病人對於幻想採取背動消極的態度時發生。分析的工作在協助病人把注意力導向內在狀態或幻想，背後蘊藏的能量與意義能帶來整合的契機。榮格認為我們的意識需要透過對於無意識幻想抱持一種主動、好奇的態度，以便能納入與整合無意識的訊息，或者整合我—它的對位狀態。榮格把這種對於無意識題材的主動態度稱為積極想像（active imagination），某種程度上，我們也可以說，卡夫卡著作的過程，是積極想像的過程。

　　榮格把積極想像的歷程形容為帶有「超越性」（transcendent），主要因為積極想像的過程讓意識或自我（ego）便得具有彈性或滲透性，能接收無意識帶來的訊息，帶來新的整合，而非抱持慣有的衝突或對立

性。榮格曾經用某個病人的幻想或夢境來說明這個過程（1928/1972）。病人報告在幻想中，他遠遠的看著他的未婚妻跌進冰川。在這裡病人的未婚妻代表無意識某種能量以人物的方式呈現。榮格提到，這位病人對於無意識活動採取消極的態度，正如同他對自己憂鬱的狀態採取一種理智化的立場。病人沒有跟無意識裡呈現的人物有情感的連結，或者進一步的理解，無意識裡的心理能量因此被壓抑。

榮格提到，當無意識內容未被理解，它們便產生某種負面的行動化或者心靈的異常。當病人能夠主動參與吸收無意識能量的過程，那麼無意識活動帶來的侵入現象便會消失。因此積極想像能夠協助病人的自我（ego）與無意識溝通，並且不被無意識人物或能量帶來的巨大能量給淹沒。

在協助病人整合其無意識內容的過程中，也如同建佑醫師指出，我—你的對偶（治療師與病人）不僅是兩者在意識層面的溝通。榮格說明在分析關係裡，除了治療師與病人意識層面的溝通，同時也發生著治療師與自己無意識層面的溝通或連結，治療師與病人無意識狀態的溝通或連結；病人與自己無意識層面的溝通或連結，病人與治療師無意識狀態的溝通或連結。另外，還有一個更深層，關於未知的溝通，也就是治療師與病人無意識狀態的共振或連結。

當接近無意識時，治療師與病人同時面臨多種層次

的害怕與未知：與各自無意識溝通的害怕，與對方無意識溝通的害怕，同時還有兩者面對彼此無意識共振或溝通的害怕。透過關係的涵容，以及治療師與病人自我（ego）對於無意識內容的開放與好奇，也就是兩者的象徵態度（symbolic attitude）或者積極想像，未知與混亂得以被忍受，整合得以發生。榮格提醒我們，我們不可能是空白螢幕，不被病人影響，診療室的改變是同時發生的歷程。正如榮格所言：「兩個人格的相逢就像兩種化學物質的碰撞：當一方有反應，雙方將同時被轉化。」（"The meeting of two personalities is like the contact of two chemical substances: if there is any reaction, both are transformed."）。

鄭文郁

國際榮格心理分析學會（IAAP）認證榮格心理分析師
舊金山榮格學院理事（2023-2024）
美國舊金山萊特學院臨床心理學博士
Cogstate公司特聘神經心理學顧問
美國與台灣認證臨床心理師
美國華盛頓州與跨州個人執業

第三章
色即是空：你會輕易把我踩在腳下，踩得我一無所有

黃守宏

　　今天的報告我想從反閃主義開始，反閃主義就是反猶太主義，姑且不論這裡的閃族是否和諾亞的兒子閃相同，歷史上出現了數次反猶太的事件，近代最重要的就是納粹屠殺猶太人，這背後有一些重要的歷史淵源，在宗教上的因素是耶穌是因為猶太人而亡的，還是猶太人在舊約聖經中為上帝的選民（chosen people），但其實最重要的一個原因是在第一次世界大戰後，德國戰敗，欠下鉅款，德國境內人民困頓，然而猶太人仍過著相對優渥，所以希特勒以此號召眾怒，在「卡夫卡日記」的最後關於卡夫卡的生平中有提到他的三個妹妹，最後都死在集中營裡，而卡夫卡則是在41歲時即死於肺結核（也有傳聞是厭食症），所以沒有遭遇到這些事情。

　　不過，反閃主義的思想，在歐洲則一直存在著，時強時弱，在日記當中其實也可以看到卡夫卡對於身為猶太人的一些感受，這樣的社會氛圍，影響了卡夫卡，他熟悉捷

克語及德語，後來也有學習希伯來文等，但是他終生都只用德文寫作，殊不知是否爲反閃主義下的影響，精神分析的開山祖師佛洛依德也是猶太人，在反閃主義下，他也希望可以把這個理論傳承給非猶太人的榮格，似乎期待可以避免因爲反閃主義而去反對他的理論，當然後來二人理論分歧而決裂，佛洛依德在二戰期間因著納粹而選擇離開維也納，彼時瓊斯（Ernest Jones）動用了許多政治的力量才將佛洛依德接到英國。

在Bion的理論中，心理分爲一個未分化、無限的區域和一個分化、有限的區域；在這兩個區域之間，隔著一道Caesura（休止符）而生命存在於這兩個區域之間的轉譯裡；閱讀卡夫卡日記某程度有些像是在讀貝克特的劇作，因爲是日記，所以有些段落之間的關連性很細微，有時會感受不到上下段的連結性，寫日記這件事情我們如果回到個人的私密的自我對話，日記本身可以成爲那個休止符，來作爲一方面貼近未分化區域，一方面又靠近分化區域的斷點，同時也是未分化及分化區域中的連續；對比治療中個案的自由聯想，休止符也像是一個屏幕，打上未分化區域的內容，等待著分化區域的承接。

只是在診療室中，會受到移情影響，因著阻抗而讓休止符的通透性變差，而日記本身通透性應該相對高很多；

有心與無心：如果卡夫卡的日記是Bion的Caesura

換言之，我們應該可以卡夫卡日記中去承接到一些他內在無限區域的神祕，話雖如此，在書中有提到勒維在咖啡館中朗讀他的日記，也有提及他想要朗讀自己的日記給馬克斯聽，若這是一個預設可能發生的事，或是日記有人可能看見，當然就是另一個故事了，的確在某天的日記中，卡夫卡說道：有很多關於我的事都沒有寫下來，部分是出於害怕，怕洩露對我自己的認知。

對Bion而言，未分化、無限的區域裡，有未成形的情緒經驗與潛能（能量），而分化、有限的區域裡，有各種形式與形狀（思想、感受），能夠承載經驗與潛能的表徵；當這個交界是一層通透的膜時，現實的人生便得到源源不絕的能量滋養。相對的，若此交界是一層僵硬的殼，人生便會枯竭而空虛；很像「奇異博士」中古一法師汲取黑暗力量，這裡所謂的黑暗，也許不是真的所謂的邪惡（當然電影的劇情設定得如此），而是我們無法看向未分化的黑暗，那裡是無法觸及的物自身，就是那個O；順著這個思考，Bion認為如果我們只在表徵世界裡生活，則人生就會枯竭。

在《卡夫卡日記》中，他提了好幾次「我受的教育在某一方面對我造成了很大的損害」，除了他所描述的受夠了駁斥之外，我們也許可以這麼思考，教育本身就是在表

徵世界裡頭生活，是在作知識的傳遞，制度的建立，簡而言之，就是加深分化跟有限，如此，會更遠離那個無限的區域，我們應該需要和未分化區域時時接觸，從當中才可以得到力量，這不禁讓我們思考那個所謂未分化的區域中到底到是什麼以及有什麼？

既然它是物自身，我們只能用想像地靠近，在嬰兒時期，它裡面可能有很多身體感官的經驗，我們似乎也很習慣地去想像在O是破碎的意念，甚至有些不成熟像是精神病性的想像，若我們用Bion的理論來看，似乎不盡如此，裡面有許多動力、能量等等，這也令人聯想到佛洛依德對潛意識的看法，潛抑的發生在潛意識中需要有所對應，雖然佛洛依德並未說到潛意識中的對應為何、又從何而來，但可見的是那應是超越我們的想像，有沒有可能是佛洛依德說的潛意識裡有生物性的遺傳，又或者有沒有可能是佛教所說的阿賴耶識～

當無限區域越過休止符後，可以在有限區域中找到表徵來承接，這樣的理論和佛洛依德對於潛意識系統中的事物如何呈現在意識上有其相似性，潛意識意念在審查機制下，找到意識上對應的表徵；若我們以文字作為表徵系統來思考，無限區域以文字承載時，必然有承接不住的部分，因為文字有其侷限性，無法全面性的接住，卡夫卡在

有心與無心：如果卡夫卡的日記是Bion的Caesura

日記中的描述，幾乎可以確定他是一個精神官能症患者，在寫作時，常因身體不適而無法順利寫作。

此外，他在寫作上也可看到拉扯的矛盾，對文字不滿，中間應有一原因就是寫出來的文字無法完整地去傳達那些由無限區域而來的內容，在書裡有一段敘述：我們會認為在這世上，與一樁經歷相距最遠的莫過於對這樁經歷的描述；還有另一段寫到寫作時不對勁的感覺，他用了二個地洞來比喻他的感受，接著他再批評：上述的畫面是多麼無力，在實際的感受和比喻之間就像是隔著一塊木板，隔著一個沒有關連的假設；都恰恰地說明了剛才所提的文字侷限性。

走筆至此，我想借用前二次在「芬尼根的守靈夜」中以文會友的內容：Bion的理論中預想（preconception）在實現或滿足後可以成為觀念（conception），但是觀念應該要再清空出來，如同預想一般，才得以再接受新的想法，如果過於飽合，就無法再有空間填容，如此的思考便會卡住，佛家稱為所知障，我們在受教育的過程中，某程度就是在增加想法的飽和度，增加了所知障，也許這就是卡夫卡提及的教育對他造成了損害，所以回到文字上，我們應該要「應無所住」，不要過於執著在文字上以及過去文字背後的所知上，用更開放的態度來面對，不過過猶

不及都不好。

　　在執著主導的所知障的相反極端是如果我們沒有一些既定的明確，我們就會無所住，無所措手足，如同跟黑暗締結了契約般的混沌不明；日記中有一段談到卡夫卡對文獻的想法，他寫到：古老的文獻得到許多詮釋，因為材料有限，詮釋的精力只會由於擔心這些材料太容易處理完畢而減弱，以及由大家一致感到的敬畏，這也提醒了我們，在面對分析既有的理論時，是否太過容易將之視為真理來敬畏，如此，也會失去更多發展的可能性，換言之，我們不應被限制在這些文字裡，這些文字不該是個無法離開的邊界。

　　色即是空：空性是禪宗重視的法門，空性又是個困難議題，空性絕對不只有像字面一樣的虛空或是無而已，空性反而比較像一種一切皆有可能的集合，因此無須分別，這樣的無分別的集合概念，不執著，也許更貼近空性，也才有照見五蘊皆空，諸法空相；在書裡一篇名為小茉莉的簡短故事後（一個肺病患者強行占有了房東的女兒），卡夫卡寫到：都是空，以這種方式我創造出鬼魅；小說是作家所創的世界，在這個世界中有眼耳鼻舌身意、有色身香味觸法，有悲歡離合、有跌宕起伏，在合上小說的那一刹那，一切都歸於虛空，這篇小故事，真的很短，最後的結

尾是：那條河安詳地從草地和田野中流過，一直延伸到遠處的山嶺，只在對岸的斜坡上還有夕陽的餘暉，最後的雲朵在純淨的夜空下飄向遠方。

　　經歷了前面的強行占有到結束的安詳，中間製造了很大的反差，更能體驗到色卽是空的一種感受；司命星君的命簿，不外如是，一個活生生的人，一場轟轟烈烈的人生等於了命簿上的一頁；卡夫卡是個用文字作畫的畫家，他對於人長相及身體的速寫，都栩栩如生地出現在閱讀者的前面，常常在想，同樣地使用文字，何以這些作家能夠以文字爲媒介映入眼中，卻刻在心上，閱讀卡夫卡的文字，有種感覺，他以文字的堆砌，設了一個結界，身處結界中的讀者，許多感覺及連想於焉發生。

　　Bion認爲人類有三個可能性，第一個就是O的轉化（經驗經驗），第二種是O轉化變成K，而轉化成的K可以在未來和O相遇，第三種則是否認眞理而轉變成謊言；或許透過這些作家的文字帶領，部分的我們都經歷了O的轉化，都經驗了經驗，我們可能可以簡單地約分這個過程，一個作家的優秀能力是在於把讀者休止符的通透性增加，使得讀者較能觸及O；對比在診療室的工作，治療師要作的是不僅僅只是盡可能地和個案在一起，作出最大程度的認同，並作出精準的詮釋，而是利用診療室的設置及治療

師的語言來增加個案的通透性。

黃守宏

台北市聯合醫院松德院區心身精神科主治醫師
臺北醫學大學醫學系專任講師
臺灣精神分析學會會員
臺灣精神分析學會台北春秋季班講師
松德院區《思想起心理治療中心》心理治療督導
美國匹茲堡大學精神研究中心訪問學者
前臺北醫學大學附設醫院精神科暨睡眠中心主治醫師
前臺北醫學大學學生事務處學生輔導中心主任

陳瑞君

　　這一、兩週密集泡在卡夫卡的世界裡。間歇性的閱讀將近700頁的《卡夫卡日記》（1910-1923年），同場加映一氣呵成閱讀了他在1919年寫下《給父親的一封信》及重讀他1915出版的代表作《變形記》。

　　身為讀者，感受到自己意識經驗像是被灰階上色般的排列與變換，我想，當時的閱讀雖是信手捻來的隨意排序所造就的色階，再回頭思索這次的討論主題是Bion caesura的概念，甚至我都不知道這色差應如何置放。Bion在文章裡（p.42）寫到，「精神分析師關注的是個性、人格、思想、意念和情感。但無論什麼學科，都有一條原始的、根本的、不變的、基本的路線——真理（the truth）。」

　　而至於「什麼是真理？」，它就在那「等待思想者的思想」出生，治療中每一次與「自己」相遇（encounter）的機遇，有機會理解自己的個性、人格、情感都是個人的真理。精神分析的框架本身有限，但治療很長遠，幸運的是，治療中兩人輪番的「等待」與「相遇」可以是無限的；而不幸的是，「無法相遇」也可能是無限的，就如同此次閱讀卡夫卡，在他與父親執拗相遇

中，更多的是無法相遇的一點殘餘。對於以精神分析的工作者的我而言，更多的是得重新面對在治療中無法真正相遇的緣由，值得治療者深刻省思。

蟲洞一：Caesura的等待與對話

　　Caesura若暫時在此段先探「停頓」的譯法，在交響樂的演奏中「停頓」安靜下來，多是情緒轉換的一種表達或轉場，因而這種停頓下來的安靜，我們更多視為是「等待」而非終止，因為在整首作品的前後段脈絡中，我們傾聽出是屬於哪一種停頓——是欲言又止？還是風雨欲來前的寧靜？在音樂裡的停頓等待亦視為一種無聲的表達，等待轉換成不同節奏、強度及複雜度展現內在的情感及精神層次。Caesura在Bion在文章的原意裡，我閱讀起來更像是轉化前（transformation）的那種停頓，像是蛹期的停頓，預示了穿透性、滲透性與迴返性的轉化本質。

　　在音樂領域中，Caesura的停頓像是換氣與轉場，在延續裡中斷片刻，更多是在停頓時表達情意的流動與脈搏，這樣的停頓也是指揮家詮釋整首作品的情感變化的極緻點，在音樂會裡轉瞬間停頓的不同意涵需要聽眾「跟進去」才有辦法體會作品裡的脈搏。

那瞬間的片刻，也發生在治療的情境裡，個案的情感的頓點及意念的流轉，也是需要治療者「跟進去」，才能在不同的頂點裡感受有些無法真正存在也無法死亡的表達，往日難以追昔。Bion在Caesura一文裡嚴正的澄清著「因為我們對過去的事無能為力，且這掩蓋了我們存在於現在的現實，因此若認為我們處理的是過去，這是嚴重的誤導。」（p.47）因而，如何去穿透這個Caesura狀態間的障礙或層次，並在不同的心智狀態中自由的流動與轉換，Bion指明需要重新考慮自由聯想和詮釋的傳遞特性。

　回到身為一場音樂會／電影／發表會／展覽的聽眾。雖然只是坐在那靜靜地聽、或毫無目的散策在展覽會場裡，這些相對之下不那麼處在意識覺知的狀態，被動角色是無意識經驗有機會被開啟的最佳時刻，此時感官及注意力的遊盪，更多的是不經意的就浸泡在當下音樂的流動裡，似乎那演奏聲聽起來特別地震撼，聲量好似被放大許多倍，自由的在心智狀態裡來回穿越，情緒也不免跟著起伏跌宕起來，這類的融合經驗好像自己也是它的，它也是我的，誰又是誰的劇中劇或夢中夢？好似有那麼一刻就差點回不來的感覺，但某種程度上客觀地知道自己在聽眾席上，所以我們大部分時間能回得來。

　音樂會散場後這種特別的騷動彷彿動到了什麼神經排

序，在結束後總會引發個人內在的經驗或迴響，只不過聽了場音樂會／電影／展覽不是嗎？但坐在那靜靜的被動的聽，慢慢心裡的耳朵會聽到這場詮釋是「我們」的詮釋，這場看似內外在的「對話」，也是我以前未知且未發生的對話，這場對話是場風暴，有點熟悉但也有點陌生；有點歡迎也有點害怕；只是靜靜的坐著等待著開場，不知道原來結束後有可能想要逃亡，但是當下，就是靜靜的坐著，安適的定住在觀眾席，某種不可能也不需要逃亡的情境中。

　　這些奇特的經驗，音樂廳像是個連通管似的，像是在一個時光的隧道裡的旅行，比起說清楚，更多是說不清的體驗。我想像一個具有通透性的詮釋，是否也有類似這樣的連通管，體驗到的已然超越當下有限的內容本身。好的指揮家對作品的深刻的捕捉，其通透性也會無意間讓人共融在這樣的狀態中，穿越心智上的不同層次，是體內的也是體外的；超越個人已然存在，及至今仍無法命名的，是這些潛藏著的伏流引導我們要去詮釋些什麼，穿透些什麼，就像是在音樂會裡的的流動與共振，臺上臺下穿梭的樂音不分內外與你我。關於人的心智情感思考的流動活性與彈性，需要連通管似的詮釋或對話，Bion在文章裡提出（p.45）「是否有一種溝通方法能夠足夠『穿越』過

　　有心與無心：如果卡夫卡的日記是Bion的Caesura

caesura，從產後（post-natal）的意識思想回到前心智（pre-mental）的思想和意念？即使心智的思想和意念在前心智時期的『時代』或『層次』的對應上有所不同，但這種穿透性在任何一個方向上都必然是有效的。」

因而更說明了，治療師創造一種通透性的談話來貫通整個Caesura的思考與方法應是重要的，就如同在一首音樂家的作品中，心中的耳朵聽出了這裡是剛剛前一段的變奏、是過門是重複的的旋律，因而那還是同一作品中的不同心境的丕變與扭曲變形，音樂裡若是帶有什麼是真理，那麼則是貫穿於作品中的主導動機。主導動機（Leitmotiv）也像是潛意識底層的動力，以其獨特的個性、人格、思想、意念和情感，暗暗的透過音群的不同組合表達在不同的旋律、節奏及強弱裡，指揮家以多形性的方式構成樂段的組成，並儘最大可能性將不同層次的轉換與表達詮釋出來。

Ogden在《Conversations at the Frontier of Dreaming》提到他認為「對話」是精神分析工作實踐的核心，引發這一思路的激進觀點——是「創造一種與病人交談的獨特方式並不是分析工作的先決條件，它就是分析工作」（p.171）。也因為我們彼此心中的音樂一直繼續演奏著，所以我們不會將Caesura的停頓視為是終止線，

我們也不會不識相的起立鼓掌。

　　音樂會結束後，那心中的樂音依然響起，即使客觀上遇上了終止線，依然關不掉那通透的迴響，高敏感度全指向360度環繞音效的內在喇叭陪著我們在散場的路上重磅登場，通透Caesura的狀態決定了自由接收及自在表達的可能性；決定了對話交流開啟的可能性；也決定了去認識關於自己與自己之外的真理。

　　法國作家維克多·雨果於1862年所發表的一部長篇小說《悲慘世界》（*Les Misérables*），後被改編成著名的音樂劇，劇中最後一幕〈Do You Hear The People Sing〉在馬蹄與腳步聲中平靜與激動中的亢奮對話，Caesura的頓點，代表著軍隊民眾腳步行進間的感受，從低語哀傷到萬眾一心的亢然，有許多事正在內在發生：

　　《悲慘世界》（*Les Misérables*），劇中最後一幕〈Do You Hear The People Sing〉的詞：

　　　　你能聽到人民在唱歌嗎

　　　　唱一首憤怒之歌

　　　　那是衝破奴役的自由旋律

　　　　當你心潮澎湃　如戰鼓雷雷

　　　　明日到來之時　你將重獲新生

　　　　……

蟲洞二：是重獲新生？還是《未走之路》？

　　作品是對話噪音與換氣的體感情緒經驗，想想貝多芬C小調第五號《命運》交響曲的第一樂章，以肯定且安靜凝結的停頓來開場，指揮劃下那一筆即安靜等待的瞬間也是萬眾一心，接下來以四個音警示「看，命運再敲門」劃破寂靜，肯切且無可竄逃的叩問。Bion在《Two Papers: 'The Grid' and 'Caesura' 》一句話是這麼說的：「有些困難是出生過程的停頓（caesura of birth）相關難題」（p.145）。不論是命運交響曲或Caesura停頓的叩問，皆呼應了我閱讀卡夫卡《給父親的一封信》的經驗，這封長達一百零三頁的信，一封不讓讀者停頓換氣的信，讀者沒有回頭路的一字一字的讀下去，因而稍微理解什麼叫做「出生過程的停頓（caesura of birth）」相關難題，在閱讀幾段卡夫卡與父親之間的複雜情感的文字後，我頭一個關心的是問題是，那麼：卡夫卡出生了嗎？所謂的出生是活過那未活過自己的生命，或像是著名詩人Robert Frost寫下那驚人的詩句，是否走過那《未走之路》（The Road Not Taken）了？

　　卡夫卡三度想要訂婚獨立離家，但三度取消婚約離不了家終至死亡的卡夫卡，是否真的從這個家裡產後誕生了

呢？這封寫給父親的信，原想由母親轉交給父親，但母親拒絕便使得這封長信始終沒能交到父的手裡。如同信的未誕生，卡夫卡與父親的相遇，是否也是像是森林裡荒煙蔓草間的《未走之路》？

「你幾乎沒有真正的打過我，這也是事實。可是你的咆哮，你漲紅的臉，你急匆匆解下的褲子吊帶，它垂掛在椅背上隨時待用的狀態，對我來說更為糟糕。就像一個人即將被絞死那樣。如果他真的被吊起來，他就死了，一切就結束了。而如果他必須目睹整個準備絞刑的過程，一直到絞繩已經垂在面前了，才得知自己已被赦免的話，那麼，他可能會為此痛苦一生。此外，你清楚的說過，我好幾次都該挨打的，每一次都因著你的恩賜而僥倖豁免，這又再度使我感覺強烈的歉疚，我在各個方面皆是對你的歉疚。」（p.64-65《給父親的一封信》）

治療現場，我們也試著在Caesura的帶領下，嘗試感受眼前的個案出生了嗎？是否在未走之路上了？同樣的。治療者誕生了嗎？治療者與個案是否能在未走之路的交岔口相遇，是治療者需先能跟自己的相遇及誕生為前提。

蟲洞三：產前—產後？卡夫卡出生了嗎？

　　「父親的咆哮，漲紅的臉」自體缺乏caesura呼吸的
器官，上述文中的絞繩，想像起來像是卡夫卡與父親之間
繞頸三圈的臍帶，卡夫卡目睹的父子之間的缺氧，那可以
救命的一口氣，需要先輸給父親，自己才有存活的機會。
事後的確要對父親留一口氣感恩戴德，心裡默唸著「我下
次不敢了」的內在求饒與扛起所有責任與對世界的致歉。
這裡又發生了什麼？Bion（p.48）用了棋盤遊戲中的蛇梯
棋（Snakes and Ladders）為比喻，他說「病人的選擇
可能會落在蛇的頭上，顯然地他會滑到一種不幸的狀態，
他會痛惜和後悔；或者，他也可能爬上梯子，發現自己可
以會朝著他的最終目標邁出幾步——他也可能會後悔。在
任何一種情況下，病人做出的選擇都迫使他們重新適應於
後果。這在很大程度上取決於病人是自體—憎恨（self-
hatred）還是自體—愛（self-love」的受害者。」

　　即使有文獻的加持，卡夫卡與父親之間繞頸的關係，
並不容易分清楚是由於自體恨或自體愛，這趟《未走之
路》是太多的岔路，但卡夫卡心中的父親像是巨大威嚴的
羅馬城，在古羅馬的幾個世紀以來的威盛時期透過征戰而
成為造就了歐亞非的榮景。卡夫卡的生命棋盤不論如何行

進，想必也只是環繞著「條條大路通羅馬」在父親帝國榮光掩照下的孩子。生性羞怯、易受驚嚇的卡夫卡其中內心的一個面向上，的確是仰望崇拜也畏懼著至高無上的父親的，他說：

「你則是個真正的卡夫卡，強壯、健康、胃口佳、聲線宏亮、能言善道、自滿、對外界具優越感、毅力、沉著、有識人之明、相當大方……直到你的孩子們，尤其是我，讓你失望……無論如何，我們截然不同，並在這些差異裡互相威脅。以至於如果有人去預估，像我這樣成長緩慢的孩子以及你，一個成年人，會如何對待彼此，可想而知，你會輕易把我踩在腳下，踩得我一無所有。當然這沒有發生，生命無法算計，但是也許更糟糕的事情發生了。我一再請求你不要忘記，我丁點都不曾認為過錯在你。你對我的影響是不由自主的……」（p.31-33,《給父親的一封信》）

蟲洞四：人類世的caesura——進步與折翼

此刻想到Winnicott在《The Use of an Object and Relating Through Identifications》（1969）一文，思及卡夫卡的父親可以承接來自兒子的攻擊而有可能成為倖

存且不報復的客體嗎？或許我們很容易可以看出卡夫卡成長過程中太多侵擾性（impingement）與吞噬性的消亡，他說他自己「沒有成長，直到生命盡頭都仍年輕，比「年輕」更正確的用詞是『保存良好』」（p.560，《日記》1912/1/22）。

而自稱沒有成長且保存良好的卡夫卡，是否是說他還沒有用過自己，因為某種程度上及階段上他還沒有長出來過？因為未好好的經過蛹期「完全變態」變成人，卡夫卡是否覺得他是葛雷戈化身的蟲，因而所有的體驗從味覺、視覺、嗅覺、觸覺都分屬兩個世界般的不同，而葛雷戈能在人類世中caesura出生嗎？

「父親此刻一心一意只想著要葛雷戈盡速回房……他也不會容許葛雷戈大費周章的讓自己直立起來，……父親無視於葛雷戈眼前的障礙，提高了嗓門催他向前，聽起來好像不再只是父親一個人的聲音……葛雷戈斜臥在門中，側腹整個擦傷了……一邊的細腿懸在半空中顫抖……父親猛然從後面給了他一擊，確實使他得以解脫，他血流如注，飛身跌落在房間深處。」（《變形記》, p.39）

如果這段摹寫是一個人成長經驗中的歷史，那麼如變形記隱喻的，那麼歷史便是在每個自己的碎片與廢墟中行走，試圖撿拾傷痕與血跡，或許在撿拾中被碎片再次劃

傷。面對著成長比他還要快速且巨大的時間與社會框架的強權，被壓的長不成人形的卡夫卡，不由得留下的一種滿身是傷的蟲子自我。我想到1920年保羅克利（Paul Klee）「新天使」（Angelus Novus）的那張畫。班雅明在〈歷史哲學論綱〉（Theses on the Philosophy of History）對《新天使》的沉思是：

「他凝視著前方，嘴巴微張，翅膀開展。人們就是這樣描繪歷史天使的。他的臉朝著過去。在我們認為是一連串事件的地方，他看到的只是一場單一的災難。這場災難堆積著屍骸，並將它們拋到他的腳下。天使想停下來喚醒死者，把破碎的世界修補彌合。然而一陣風暴從天堂吹刮過來，猛烈地擊打著天使的翅膀，以至於天使再也無法把翅膀收攏。這場風暴無可抗拒地把天使刮向他背對著的未來，他面前的殘骸廢墟卻層累疊積，直逼雲天。這場風暴正是我們所稱的進步。」

《新天使》是面朝著過去，卻背對著未來的方向行進的意象表徵，所踩踏時間點——例如過去與未來的選擇——並不意味著是選擇權，而更多的是面對著進步與成長路徑的吹刮與強迫驅駛的代價可能不然就是折翼，再不然就是飛向新的廢墟遺址。卡夫卡生存的時間點是父親帝國榮光的時代，耀眼的陽光使人看不見其他，愈是想要睜

大雙眼，愈有可能會蒙受其害，只能走避著熾熱會灼傷人的強光，不是因為我們貪圖陰涼或只想待在房裡當一隻蟲子，僅是因為遠離才能有一刻稍事喘息及存活的瞬間。父親愈是在耀眼的舞台上，卡夫卡就愈只能孤單的待在後台的陰暗處長大；父親愈是林中挺拔的參天古木，卡夫卡就愈只是樹幹上的地衣或爭取著樹葉間縫隙微光的苔蘚。

「在爸媽的房間裡寫信。衰敗的各種形式是難以想像的。——最近想像著我是個小孩，被父親打敗了，由於不服輸而始終賴在格鬥場上不走，經過這麼多年，儘管我一再被打敗。——一直想著米蓮娜，或者並不是她，而是一個原則，是黑暗中的一道光。」（p.550,《日記》，1919/12/12）

如果古木是古木，苔蘚是苔蘚形成生態系也還是健康的循環，但是若古木要苔蘚或地衣也變成古木，那麼生為苔蘚的生命是不幸且不值得活的。

蟲洞五：自畫像

「我們的工作在做什麼？我們試圖想讓某種什麼顯現出來？我們希望最終的結果是成為一個能夠使用自己生命（life）的人。」（Bion, 1987, p.41《Clinical

Seminars》）

　　卡夫卡最爲人所知的幾本小說都以生活的筆觸在描述著莫名的虛無及無比的荒謬，不論是《城堡》的土地丈量員K，費盡了千辛萬苦也不得其門而入，不論是苦苦哀求或矇拐欺瞞，正道還是邪道依舊的徒勞，究竟那無法通達的蛇梯棋是到達了哪裡？當前進不代表進步，而後退也不代表眞的退行的時候，進與退變成了幻覺，直到精疲力竭、彈盡援絕還不得其門而入的詭異異域是否眞的存在？究竟是什麼主宰著《城堡》煞有其事的機制運行？再平凡不過的人類生活又被什麼機制主宰著？或是之所以進入有如莫比烏斯環的原點迴圈，是否是被咀咒了？

　　「在這種極端的例子上，我們才會看出每個人都無可救藥的在自己身上迷失，唯一能帶來的安慰是去觀察其他人，去觀察支配了他們而且無所不在的法則。表面上，沃爾夫（一位外交官及作家，也是歌德的孫子）能被引導、被移動、受到鼓舞和鼓勵，被誘導去規律地工作而在內心他被牢牢的束縛，無法移動。楚科奇人爲什麼不離他們貧瘠的土地，移居到別處去呢？相較於他們目前的生活和願望，他們在任何地方都會活得更好。但是他們沒辦法離開；但可能做到的事就會發生，只有發生了的事才是可能的。」（p.347，《日記》，1914/1/5）

卡夫卡也一再的想一探這究竟，主宰著他的又是什麼：

「惶然來自於我至今的人生是一場原地踏步，頂多只在一種意義上能稱之為發展，就像是一顆逐漸蛀空、崩壞的牙齒所經歷的發展，我從未能證明自己有絲毫掌控生活的能力。事情彷彿是，我跟每個人一樣都有一個圓心，也跟每個人一樣想要走出具決定性的半徑，並且畫出一個漂亮的圓。但我卻始終在開始走出半徑之後，就不得不中斷（例如：鋼琴、小提琴、外語……文學、結婚計畫、搬出去住）僵在想像中那個圓的中心，每一條再嘗試則意味著終結。偶爾我把一條半徑稍微多走了一點，像是攻讀法律或是幾次訂婚，結果一切又因為多走了這一點反而更糟，並沒有更好。」（p.561，《日記》，1922/1/23）

出走為什麼沒有更好？是因為他始終繞不出心中的羅馬城？是《城堡》那言之鑿鑿的規矩詐騙術又重出江湖？還是他在這些重複中發現了什麼？

T. Ogden在2009年的文章《Kafka, Borges, and the Creation of Consciousness, Part I:Kafka-Dark Ironies of the "Gift" of Consciousness》文章裡的探討，Ogden認為卡夫卡與他的另一本著作《饑餓藝術家》裡主角的困難處境是一樣的一即無法在他的生活中找到他想

要的跟需要的。而且「比無法在生活中找到他想要的東西更可怕的夢魘是，《饑餓藝術家》主角可能對生活缺乏胃口（他無法愛或愉悅），正是因爲這個原因，他不能『找到』，也永遠不會找到他喜歡的食物、人或自體感。」

Bion在多年的分析工作後，在晚年的他說「在精神分析的情境裡，掩埋著大量的官能症、精神病等的某個地方，在那裡有一個掙扎著要出生的人……。這似乎並不是異想天開，就如同米開朗基羅、達文西、畢加索、莎士比亞和其他人已經能夠解放這大量素材，提醒我們現實生活的實際形式。精神分析者也在從事一種類似的工作——試圖幫助孩子找到潛伏在那裡的成年人，並表明這個成年人仍然是一個孩子。這兩者可能會很好地結合在一起，不僅是爲了使它們難以區分，而是以某種創造性或有益的方式結合。這位病人可能是一位母親，雖然這一切都被掩蓋了。（Bion, Clinical Seminars 1987: 41）

在英文裡，有一個詞被發明出來，稱之「卡夫卡式」（Kafkaesque），大略的意思是進入一個奇異的世界後，俗世的邏輯看似在這裡正常運作著，但實則即使邏輯不通但也具有關鍵的決定性，可以推毀過往所有的付出與努力，即使一個人用盡所有的力氣奔走抵抗，最後仍是徒然爬不出這個世界。卡夫卡式已超越卡夫卡的個人意義，

它是一個時代裡存在的姿態的共鳴，是具有代表性標誌。

當精神分析的習題碰上了卡夫卡式的難題，治療師的習作便不再是捏製成伊底帕斯情節的泥團、不是強迫性重複的草圖、更不是靠記憶與修通所畫下的無題。卡夫卡不只是廢墟掛的創傷失修、也不只是黑洞般的死亡本能，反而是——他沒有找到他想要的與需要的——他說他「沒有成長」、他的「乾淨」、還有他的「保存良好」，卡夫卡式的難題是他還沒有感覺自己有「自畫像」。《Reading Bion》的作者Rudi Vermote說，「Bion反覆強調，精神分析的目標是釋放心靈（set the psyche free）讓性格得以誕生（character）；幫助別人成為他自己，不管會是什麼；去處理自己的生活。但這當然永遠不會有結束的一天，而是一個生成（becoming）的過程。」（p.205）

卡夫卡留下來的手稿圖繪等文件，在經歷多年複雜的官司纏訟後，被收藏在以色列國家圖書館（Israel National Library），聽說青年時期的卡夫卡，最想當的不是作家而是畫家，他的手繪人物大多不見表情與五官，人體部位以奇怪的比例呈現，像是身體被拗成不自然彎曲，或是身體的姿態被壓出有稜有角的意象，人體以堅絕且僵持的角度或全趴在辦公桌上、或站進圍欄裡、或被自己的身體部位互相卡住，卡夫卡這些已僵成固定角度的手

繪人形，似乎讓觀者直接經驗到的是一種存在的姿態——孤獨受困、無法動彈，也相當抵抗，他筆觸堅定，不疑有它。

卡夫卡有沒有自畫像？他在還沒有機會發現自己是誰之前，就已經被外力強力壓出了不同摺痕與角度。就像是小朋友在練習摺紙遊戲時，一旦白紙被壓摺過後就會留下深深的痕跡，就算是在過程中因摺錯了而展開重摺，才發現這些壓摺過的紙在循線重摺中很容易錯亂，會困難找回現在該摺哪一條線。卡夫卡從小在被一再凹摺的關係裡，即使他發現這不是他，而打開重摺，會不會也有一種難以找回自己的感受，這些反反覆覆的摺痕在自己身下留下時代的記憶與痕跡，每一次的重摺都必須展開，更多的是看到每一次他人留下的摺痕，要怎麼找回自己？他畫下一具具被迫以僵直的角度作為存在姿態的身體描形，多年下來在習慣抗拒的姿態中卻也讓自己也被困在這具身體城堡裡駐兵堅守。如果是這樣，那麼治療師的習作會是什麼？

或許借Ogden的話說，需要的是「開墾（reclaim）：目標是將『未活過的生命』（unlived life）置放於時間架構中，就像是，去第一次重拾、或主張自己早年生活中沒有活過／沒有經歷（unlived/unexperienced）過的部分，『對嬰兒期或兒童期的孩

有心與無心：如果卡夫卡的日記是Bion的Caesura

子來說，太過無法承受的經驗』，在治療裡有可能是第一次在移情中體現其自發性，且全然活躍的自體經驗」（spontaneous and fully alive self-experience）。

蟲洞六：蟲洞與黑洞

想到卡夫卡與他父親之間的關係，讓我想到了蟲洞（Worm Hole）與黑洞（Black Hole）的比喻，兩者皆是物理學中的迷人的宇宙概念。黑洞具有極大的重力，巨大的能量可以扭曲時空，逃逸速度比光速還要快，是連光速都無法逃逸的區域，因而便會永遠被吞噬且困在裡面，有去無回。卡夫卡的父親對卡夫卡而言，就像是一再的因任何荒謬的理由都可以讓他掉入黑洞裡一樣，爬不出來，亦沒有期待救贖。

蟲洞理論跟黑洞不同，蟲洞可以比喻做是連接不同時空端點的一條隧道，也被稱作「愛因斯坦─羅森橋」（Einstein-Rosen bridge）。話說一旦進入黑洞便會永恆地困在裡面，但蟲洞則是雙通的兩個端點之間的捷徑，就好比可以從時空的一端進入，再從宇宙另一個時空的一端出來，雖然中間可能相隔好幾十光年。卡夫卡的世界或許待在這條蟲洞中，一端與父親相通，另一端則是他找到

的文學的寫作作爲一個向外在世界的輸出口，不論是因卡夫卡筆下的那條葛雷戈蟲，還是因爲愛因斯坦蟲洞的關係，蟲洞也像是Caesura，等在宇宙另一端的，我們——因而相遇（encounter）了卡夫卡。

參考資料：

1. Bion, W.R. (1987) Clinical Seminars and Four Papers, in F. Bion (Ed.), Abingdon: Fleetwood Press.
2. Vermote, R.(2019). Reading Bion. London and New York: Routledge.
3. Wilfred R Bion.(1989). Two Papers: 'The Grid' and 'Caesura' . Routledge
4. Ogden, T. H.(2001). Conversations at the Frontier of Dreaming. London: Karnac.
5. 《給父親的一封信》，Franz Kafka，2022，寶瓶文化。
6. 《變形記》，Franz Kafka，2010，姬健梅譯，麥田出版
7. 《卡夫卡日記》，Franz Kafka ，2022，姬健梅譯，商周出版。

陳瑞君

諮商心理師

臺灣精神分析學會會員

臺灣醫療人類學學會會員

臺灣精神分析學會推薦精神分析取向心理治療師

臺灣精神分析學會《台北》心理治療入門課程召集人

松德院區《思想起心理治療中心》心理治療督導

國立臺灣師範大學教育心理與諮商所博士班研究生

聯絡方式：intranspace@gmail.com

與談人：陳俊元

你會輕易把我踩在腳下，踩得我一無所有。[（1919.11）卡夫卡《給父親的一封信》（寶瓶文化出版）]

我不認爲有內心情況與我相似的人，但至少我能想像出這樣的人，可是我連想像都無法想像那隻一直在我頭上盤旋的神祕渡鴉也會在他們頭上盤旋。[1921/10/17《卡夫卡日記》p.544（商周出版）]

1921年10月，卡夫卡將日記交給M，之後被依照同年年底所寫的遺囑交給摯友Max Brod，並於1939年被帶到以色列。

每一個字在鬼魂的手裡翻來覆去——手的搖晃是鬼魂特有的動作——就成了一支矛，轉過來瞄準了說話的人。

像這樣的一段話更是如此。

而就這樣循環往復，直到無窮。[1923/06/12《卡夫卡日記》p.588]

卡夫卡在41歲死前一年留下這段文字。那年他積極學習希伯來文，期盼擁抱猶太血統。隔年，病菌擴散至咽喉，他再也無法進食和說話，仍校訂最後作品《饑餓藝術

家》。

　比卡夫卡早八年出生的榮格，一度被佛洛依德視爲衣缽傳人，在理念決裂後，於1913年，他38歲時，進入接近瘋狂，充斥著強烈意象的無意識之旅，他將一切寫在他的日記——《黑書》，之後細緻地繪製成《紅書》。在紅書幾近完成之時，他赫然發現尉禮賢翻譯的《太乙金華宗旨》——這本講述道家禪定修煉的方法，深刻地回應他個人經驗。他86歲過世時，床邊擺著虛雲和尚《禪的教義》（cha/n and zen teachings）的英文版，書中包含《般若波羅蜜多心經》。

　在夢裡，我請舞伶艾德多娃再跳一次那支查爾達什舞。

　她臉上有一道寬寬的光影，在臉部正中央，從前額下緣到下巴中央。

　剛才有人以居心叵測而不自覺的噁心動作走過來，對她說火車就要開了。從她聽取這個消息的態度，我驚覺她不會再跳舞了。「我是個邪惡的壞女人，不是嗎？」她說。

　「噢，不」，我說，「並不是」，說完轉身隨便挑了一個方向走開。[1910《卡夫卡日記》p.2]

　卡夫卡在27歲時寫下這段文字作爲日記的開始。如同

初始夢（Initial Dream）般揭示了這段無意識的旅程。阿尼瑪（Anima）以舞伶的形象現身，但火車這個厚重龐大的機械運轉，中斷了夢者佚游於曼妙舞姿的期盼。三度訂婚、試圖離家的卡夫卡，總是臣服於父親大人斷然的決定，脆弱的自我（ego）難以撐起對立兩極的張力。

　　許多年後我仍然被那想像所折磨，那個巨人，我的父親，那終極權威，會幾乎不需要理由地在三更半夜把我拖出被窩並拎到屋外過道去，對他而言我什麼都不是。[1919.11卡夫卡《給父親的一封信》]

　　猶太家庭中父權的窒息感，讀在內化儒家倫常思維的人的心裡，並不陌生。臺灣民俗宗教中的孩子神——三太子，得經歷「拆骨還父、割肉還母」，才能從蓮花再生。一個個體的獨立，需要能深刻理解自己與父母千絲萬縷的糾纏，斬斷舊有的情節（complex），才能與自性（Self）相遇，建立良好的「自我—自性—軸」（ego-Self axis），自我就可以在不被吞噬的狀態下汲取內在源源不絕的能量。

　　生命就像以根莖來延續生命的植物，真正的生命是看不見、深藏於根莖的……我從未失去的是深埋於內心深處的潛意識，它持續地在永恆的流動中生存；我的夢境、各種幻覺猶如火紅的岩漿，於是，我欲加工的生命在其中被

賦予了形狀。 [1962《榮格自傳：回憶‧夢‧省思》]

　　榮格日記的無意識旅程中以「積極想像」（Active Imagination）來進行「個體化歷程」（Individuation Process），儘管過程中極其險峻，但這段旅程所帶給他的體悟，是他這一生最重要的寶庫。

　　卡夫卡寫給父親的信中，冷靜敏銳的他剖析起父子情仇，針針見血。他筆下的文字不卑不亢，條理分明。但現實的他，卻無法親自面對父親，自己親口說出。36歲的他只能任由母親不將此信交給父親，似乎仍希冀躲藏在母親的子宮裡。

　　Daryl Sharp 延續蘇黎世學派Marie-Louise von Franz的觀點在《神祕渡鴉》書中分析卡夫卡是永恆少年（puer），受困於母親情節（mother complex）之中。

　　一個注定沒有子女的不幸之人被禁錮在他的不幸中。不論何處都沒有重生的希望，也沒有希望得到較佳運勢的幫助。 [1911/12/27《卡夫卡日記》p.217]

　　我大多數時候都不獨立，對於獨立自主以及在各方面的自由懷著無盡的渴望。 [1916/10/18《卡夫卡日記》p.508]

　　或可借鏡原型心理學派James Hillman在《老人與永

恆少年》（Senex & Puer）的觀點，「刺殺舊王，讓新王登基。」舊有的習慣——因循體制需要有勇氣地割捨，在既有框架中創造新可能。

　　卡夫卡的結核病，掐住了他的咽喉，一層一層結節的組織阻礙了身體的通道。希臘語的「氣」πνευμα（pneuma）、或是拉丁語的「精神」（spiritus）再也無法順暢地通透身體。結核病像吞噬一切的黑洞般包裹住任何試圖想逃離的可能。有沒有可能如陳瑞君心理師前面所提的遐想（reverie），轉化成蟲洞，超越二元對立的兩極，穿越時空限制，產生「第三者」（the third）。

　　創造一種與病人交談的獨特方式……就是分析工作。

　　[《Conversations at the Frontier of Dreaming》T. Ogden]

　　儘管移情、反移情這些被慢鏡頭定格的『事件』展示了一些讓我們信以為真的印象深刻的caesura，但與在自發呼應的自然脈動與意識層面的思想和感覺的波動之間的連續性比較起來，是微不足道的。[《Caecura》Bion]

　　無聲勝有聲的caesura，是音樂中的休止符，本身是一抹精確控制時間的留白，本身是「空」，靜待一個主動細心聆聽的心靈用「慢鏡頭定格」來檢視而獲得理解，意義的取得關鍵在於，深刻地感受休止符前後，音樂所引發

的情緒思考細緻變化。儘管看似相同的休止符，在不同的音樂脈絡中有著截然不同的意義。休止符的這個「空」，因爲前後的脈絡，才有意義。而且意義的「超越性」，需如榮格所說的，緊緊握住對立的兩極，「一隻眼向外，一隻眼向內」。

陳俊元

國際榮格心理分析學會（IAAP Router）
昱捷精神科診所主治醫師
曾任台大雲林分院精神科主治醫師
台大醫學院醫學系畢業

第四章
空卽是色：讓自己被那個陌生人拉走，成爲他的親人

劉又銘

　　色不異空，空不異色，色卽是空，空卽是色。這是心經中充滿奇異的句子，乍看之下似乎充滿悖論，感覺上又好像在話語之中有某種有待思考的空間，等著思考後轉型的智慧。

　　心智消化這種陌生之後，就成爲智慧的親人。但在這之前，有一個停頓。我想像心經講述的智慧，像媽媽講給孩子聽的故事，是有待心智成長與消化，就像是在講心智這個主體誕生後必須去讀的故事，關於心智的作用，從哪裡來，又是被誰拉走，而成爲誰？

　　如果思想是情感的親人；悖論的容器，裝著矛盾而不能解的情感體驗，一般狀態下，會被分裂所解決，愛恨、好壞、有無？

　　借用Winnicott的眼睛與語言來描繪，生命早期，早期嬰兒心智發展，以及心理內在的逐漸成形過程：溫尼柯特在《Fear of Breakdown》中說，「情感成長，早期階

段：個體繼承一個成熟化的過程。只有在存在促進環境的情況下，這個過程才會將個人帶向前進。促進環境……；其本質特徵是它本身具有一種生長，以適應成長中的個體的不斷變化的需求。」

以下是自己的想像：這個絕對依賴階段，沒有一個嬰兒能夠單獨存在，因為生命的發展尚未完成，需要環境的扶持，……嬰兒內在裡，嬰兒的自我（ego）還弱小，無法認識與處理來自於現實與生命所需的任務，在此時母親的心智充當與協助了嬰兒的內在心智。

在此時，母嬰一體，也沒有裡面也沒有外面，所有的需求（餓的感覺）與刺激（冷的感覺），並不被嬰兒心智知道是外來物或是內在的需求，而就只是刺激，母親的心智處理了對母嬰一體來說會過度的刺激，否則就成為impingement，打斷了生命發展所需的連續性（continuity）。

嬰兒可能是透過有如共享一般的空間與現象，收集與發展，而在內在形成「我」的方式。讓我們假設，透過安靜共好之中，嬰兒心智能夠慢慢透過母親心智的存在與呈現，而形成好像那是他自己的心智的錯覺。的確有一個心智被創造出來，透過嬰兒的全能感以及母親的足夠依賴的環境的共享因緣。爾後這個心智發揮功能，能夠收集與建

構更多，被感覺是自己（self）的部分。是以這個部分，會有許多組成。

心智不知道自己從哪裡來，不知道自己為什麼想起甚麼，就像嬰兒問說我從哪裡來。而經文中這一段句子，也像是如此，人生從半空中就開始出生的境地。雖然這些境地有前後的脈絡，後面接的是：受想行識，亦復如是。前面接的是觀自在菩薩，行深般若波羅蜜多時，照見五蘊皆空，度一切苦厄，舍利子。但心智並不認得這些親人。

這種從中間開始，是前進還是後退也不曉得的行為，有點像是從大海裡取用一杯水，在取用這杯水的當下，其實有一種用意為之所用，並且被記錄下來，只是使用者還記不記得或是明不明白。一個夢境也有著被解釋的境界，或是它有著在治療中被說出的原因，雖然解釋後就可能忽略了它也有不被解釋或被說出但不被聆聽的境界，讓我想起Bion說的光照亮時視覺窩的黑暗之處。

「回到精神分析的觀點：談論『移情』和『反移情』是非常有用的。或者像溫尼科特所說的，過渡性客體；它正在過渡，從不知道的地方到不知道的什麼地方，從遺忘到健忘之間的微小部分可以用『移情關係』和『反移情』來填補，但我認為這將必須用其他方式來填補。因為這些小包裹的關係不能輕易地確定，你可能能夠看到一個

想法在一個群體中曲折前行。我不知道這個想法從哪裡來，也不知道它去哪裡，但它可能在移動中被觀察到。這就是你回到分析實踐和群體觀察實踐的地方。」（Bion, Clinical Seminar in Tavistock,1976. 6. 28）

心經中講照見，佛教講觀，或許人心講看見或是知悉或是懂得，他們有甚麼可以比對的呢？James Grostein曾在2013年對分析師Pearson訪談中說：

「關於可逆透視，洛佩茲—科爾沃（Lopez-Corvo）的《野性思緒》（Wild Thoughts Searching for a Thinker. A Clinical Application of W.R. Bion's Theories, 2006）一書。這個思緒來自Bion——一個觀念、概念的想法。這是Bion從未讀過Bion的一個例子。如果我們使用雙眼聚焦，就沒有所謂的野性思緒。野性思緒只存在於意識的角度。但是野性思緒的果園並不吃它的野燕麥。換句話說，如果從另一邊接收，就像O，或者是一個β元素。β元素並不知道自己是β元素。它高度有組織。它知道自己是誰。我們不知道這一點，因為最初我們沒有翻譯它的手段，直到我們用α功能進行翻譯。換句話說，每件事都必須從至少兩個觀點——雙眼聚焦——來看待。要進行多點連接，以獲得三角測量，就像Bion所說的，那裡是常識的所在。Bion對Bion的理解並不深入。

有心與無心：如果卡夫卡的日記是Bion的Caesura

我應該把Bion介紹給Bion。

要了解可逆透視，你必須閱讀Bion的《精神分析的元素》（1963/1984）第54至56頁。有一個普遍的誤解，即使我有時也會犯，即可逆透視與雙眼聚焦混淆。Bion將可逆透視解釋為一種病態，而雙眼聚焦則是可逆透視的正常形式。可逆透視是指當患者以其精神病態形式使用雙眼聚焦，並得出與你認為他所得出的不同結論時。你認為這是相同的分析，但實際上並非如此。這很棘手。」（On Caesura and Reversible Perspective, James Grotstein MD and Willow Pearson MFT MT-BC, (2016).Fort Da,22 (1):51-60）

關於雙重視角，是否可以說，跟分裂有關，要從分開的兩點，往中間看。這是停頓點。

一枚硬幣的兩面，看那一面其實是同一個硬幣。但從兩個方向看過來，匯聚成硬幣的立體面貌。這是caessura，每當產生一個視角，就有一個維度存在，而同時失去另一個維度。所以主觀和另一個主觀同時並存時，打開caessura而產生新的被稱之為客觀的角度。

這也是caessura，但心智誤以為是歡天喜地的得救，但又是不可或缺的棲身之所。

治療時，閱讀時，被治療者帶著彷彿可逆透視的自

我，或是爲此所苦的自我而來，治療或閱讀的相遇，成爲一個心智可以停頓的所在，在此可以有使用雙重視角的機會在此雙重視角之下，或許能夠跟原來自我產生一個親切的連結，產生一個雙重視角下新的自我，但可能又被看做恆常連結（constant conjunction），而因此停頓了。」

　　無論是讀心經，或是讀Grostein在談論一些對Bion的解讀與認識，我都想著我有沒有被拉走。我心裡的想法是出生的嗎？我是發現了，或是創造了對Grostein這番話的了解，當我讀取時，我是他的親人，或是我是我的敵人因爲產生了某些遠離自己放逐自己的部分？在這個閱讀空間裡，這番話與閱讀者的心智交會，有一個交界處，親疏遠近被發明來形容在那個交界處發生的現象，比如懂得，或是不懂得，的親切感、認可感。換句話說，α功能進行了接生一個名爲「懂得」的嬰兒，看似跨過了一道caesura，於是生命本體開始歡天喜地地慶祝～這好像Bion說的（Bion, Clinical Seminar in Tavistock,1976. 6. 28）：「我們不知道那裡有什麼……建立了這個壯麗的結構……它唯一的基礎事實是我們完全的無知，我們缺乏能力。」

這令人想起嬰兒的弱小，需要扶持，需要休息，需要等待，需要caessura

　　Grostein：「停頓是迷人的。讓我假設自己是Bion與你交談。停頓意味著剪刀、切割、分割。出現了三個元素：被切割的整體、如何切割以及切割後的分離。我們可以獲得的是非分離的。讓我給你舉個例子來說明我的意思。我們可以使用有關出生前狀態和出生後狀態之間分割不像我們想像中那樣斷裂的說法。讓我們延伸這個說法。如果我們真正使用和理解我們的思想，我們會發現我們與宇宙是連續的。你體內的血漿與海洋中的鹽濃度是相同的。好像你的身體吸納了海洋並與之相連，你成了陸地上的居民。所以我們與地球母親是連續的，但又與她分離。所以我們是在一起又分離的。現在，正常、創造性的在一起和分離可以被描述為選擇性滲透性。大多數人知道它被稱為『半滲透性』，就像身體的細胞是半滲透性的。但這不是真的。半滲透性不存在。真正存在的是選擇性滲透性。換句話說，α功能——位於意識與無意識之間的接觸障壁中——構成了停頓。你也可以把它看作是弗洛伊德的前意識。Bion沒有使用這個術語。但那個地方有一個現象神。」（James Grotstein, On Caesura and Reversible

Perspective.）

　　Grostein：「幾乎Bion所著述的一切都是全息的。我指的是一個思想可以代表其中包含的無數思想，無論是獨立地還是集體地。……這需要一個神話的必要性，即『我們創造了它』，因為我們發現了它。發生在我身上的一切，我都是創造它的，當我發現它時。如果我發現它而沒有創造它，那就叫做創傷。所以我必須在分析中事後創造它。稱之為幻想和夢想。重要的是，幾乎沒有提到的心理分析概念——心理責任。我們對於發生在我們身上的事情並不負責。但是我們對於我們如何應對它負責。我們從外界接收到影像，現實在我們內部激活了什麼。我們對於我們的反應負責。我們在存在上負責，儘管不一定有罪。我們可能有罪，也可能沒有罪。Bion在這方面非常謹慎，區分了虛假罪責和真實罪責、真正的修復罪責。但最重要的是，責任超越了罪責。一旦我出生，我就對我的生命負責。負責經營它。負責占據它。盡力使其更好。」（James Grotstein, On Caesura and Reversible Perspective.）

　　我已經忘記在哪裡聽到的了，我竊取了它：某些精神分析看法提到，移情是當治療者探索生命經驗時，被治療者對治療者的反應，這裡面涉及了重構與建構，將過去

有心與無心：如果卡夫卡的日記是Bion的Caesura

與現在，內在情感與外在現實，進行一種組合，以『形成對生命有意義的感覺的方式』相對安全的方式在運行。生命的作用之下，一切就這樣開展在面前，而有勞心智的解讀，或是不解讀；就像睡夢醒來，或是不醒來，它都在那裡，但也不在那裡，就像如來。對文字的態度，可能可以深入探討文字中的細節，讓深意曝光，讓迷霧散開，要站在那裡忍受悖論的衝擊；也可能是一略而過，在心上留下不太懂得的足跡，讓深意與迷霧隱藏自身的模樣，此時是因為孩子般的心智想在大海邊遊戲，不想掉入水裡被浪花沖走，也不樂意站在陸地上感受乾渴。

借用《地海奇風》的語言，給如來一個飛行的描繪：「我們打破世界，好讓它完整，」格得說。很久以後，恬娜用安靜單薄的聲音說：「形意師傅相信，只要他呼喚伊芮安，她便會回到心成林。」格得什麼也沒說，直到一陣子後才說：「恬娜，看那裡。」她順著格得的視線望去，望入西方海上昏暗的天際。「如果她來，她將會從那裡來」他說。「而如果她不來，她就在那裡。」（Ursula Le Guin, 地海奇風，木馬文化出版）

它來，為什麼而來？這卻是沒被探索過的，還在分界處等待的沒有思想者的思想。人很少知道自己為什麼醒來，就像日間醒來是因為知道從睡夢中脫離了，或是相反

的；夢的或睡眠的結束，打開了卡夫卡的日記。卡夫卡這樣說，打開日記，就只爲了讓我能夠入睡。在1915.12.25的日記中，他說：「可是湊巧看到最後一則，而我能夠想像過去這三、四年裡寫過千百則相同的內容。我毫無意義地消耗著自己，假如能夠寫作就覺得快樂，但我沒寫。我擺脫不了頭痛。我眞的白白浪費了自己。」（卡夫卡日記，1915.12.25）

這段後面說的話，對於解釋前面日記對於入睡的作用，有著不同意義，就像是分析伴侶，或說是一段話詮釋了另一段話，或說是開墾出新的連結。於是，前一段話的出生，像是後一段話的停頓點，如果後一段話沒有出生，前一段話無法繼續出生。這是一個隱形地不容易看見地拉長延伸的過程。

卡夫卡說：「如果我們在閱讀時靜止不動，不用自身的力量將她拉進自己的體內……而是獻上自己……只要不去抵抗，很快就會發生……讓自己被那個陌生人拉走，成爲他的親人，那麼當我們闔上書本，重新回復自我，經過這趟神遊與休息，重新認識了自己的本質。」（卡夫卡日記，1911.12.9）

聆聽的時候，內在透過這個歷程，創造或是發現了甚麼；這令人聯想起，與其說這是種自己能夠觀察、觀看自

己的方式，更像是說，本質上是創造了或是發明了一種觀看自己的方式，卡夫卡說，「我對文學不感興趣，我就是文學本身。這個說法與語言，創造了一種環境，使說話者相信說話代表自己，他發明了這個藉由文學或是說話的存在，而某種不可說明的世界透過這個鰓呼吸，這種出生，像是個令生命喘息的停頓。卡夫卡在那一句後面說：不然我甚麼都不是，也不可能是其他的。」（卡夫卡日記，1911.12.9）

出生是喜悅的事嗎？有一種危險，或說是被現在的心智文明認為是危險的，聽見帶來了創造，但也可能可以帶來了摧毀：能說的我與被說的我，就占據了我，聽見新的事物之時，猶如詮釋若是鋒利的手術刀，劃破了包覆著我的皮膚而流血。就好像caesura的出現，出生也同時是割斷了臍帶，割斷了與原先世界的連結的意思。每當一個我的意識的出現，就相當於一個或多個可能被或不被察覺的摧毀，這樣的情形。想著卡夫卡對作品的摧毀，像是一種還原反應的感覺，或許也應當如此來看他的作品的出生，或許是他對自己出生的反應，當卡夫卡說，「打開日記，就只為了讓我能夠入睡……」（卡夫卡日記，1915.12.25），是甚麼入睡，甚麼又希望醒來？也有著一種釋放？

關於閱讀，Thomas Ogden在2009年《卡夫卡與意識的創造，第一部分》這篇論文中這樣形容；「……閱讀他們的故事、小說和詩歌不僅僅影響讀者的思想，它改變了思維的結構，改變了一個文化中的成員思考的方式。這種改變的思考方式，反過來使文化得以夢見新的夢境，也就是創造出新的神話，以容納文化正在進行的心理變化。……描述人類意識的特定品質，這些品質主要存在於矩陣、背景情感領域中，而不是意識的具體符號內容中。我使用『意識』這個詞來指人類自我意識的能力；意識到自己的意識；能夠將自己的思想、感受和行為作為自己的思想、感受和行為體驗。在沒有意識的情況下，人只是夢中/神話中的一個角色，而這個夢/神話並不是由自己創造的。」（Thomas Ogden, 2009, Psychoanal. Q., (78)(2): 343-367 Kafka, Borges, and the Creation of Consciousness, Part I: Kafka-Dark Ironies of the "Gift" of Consciousness）

在這樣的過程中，人的自己意識人格，I，需要受到其他事物的建構，透過其他事物來展現，有自己敍事的能力，才有I的存在，透過敍事的動作構築I的世界。從「空」中間取材，成為色身，走過街道，讓生命成形。而這樣的行為，隱含著自己成為自己母親的喜悅，或是哀

愁，這是個悖論，隱藏著情感的矛盾的caesura，如果出生是個喜悅，那就代表著哀愁的停頓點。

繼續下去，試著用一道問題延續黑暗般的光亮，為什麼我們能夠看懂，或說是覺得看懂別人的文章？

我們怎麼能夠用知道的東西來處理不知道的事情呢？想像的是，或許是我們心智在告訴我們，我們有懂得的感覺了，懂得或翻作knowing，懂得，像是在心上擁有了，掌握了，Bion提的knowledge或許與此有關係。懂得，有如在舊瓶裡裝入新酒，那麼懂得的效果，是一種瓶子，或是一種酒？有助於安睡的酒？

懂了的感覺是否介於心智對preconception的印證（這印證像是母親的reverie那樣，製造了一種使人安心的環境），以及似乎有一種創造意義的再現感覺，（像是心智能夠透過再現，而讓心智感受到連結linking能為主體帶來事物的能力），也有著像維尼克特說的，藉由部分客體的組成形成了主體，那樣帶有可成型（form），可使用（use），可連結（link）的存在感，存在感是種感覺，是再現存在（being）的能力，借由內在心智感官而

實現（realization），而被當作了真實的本體，當人沒有存在感，這情境可能像是人跳進了大海裡，浮在水中感受不到重力時，好像失去了重力存在感而漂浮。當人被剝奪了所有色生香味觸法感覺時的景況，人無法證實自己的存在。但存在，是沒有消失的，只是感官再現本體的這個環境消失了，「我這個容器的形狀邊界，恐怖地不存在。」

我是caesura，應當如此地來看待。應無所住而生其心。

當聲明從中間出發，既不知道開頭，也對終點保持尊敬。從中間出發，最能凸顯的是為了生長，而視覺凹去的地方，是停頓之處，是車站，是被追趕的生命稍作休息的地方。我是容器，是未出生的我，或是已出生而不見的我的容器。是主動地在每個caessura中等待，能夠切換緯度軌道的機會，就像轉運站那樣，從台北車站可以轉移到不同的捷運線或是地鐵、高鐵去。

雙目視覺這件事，如果玩個小遊戲，把字變形了一下，像是變換一下視角：照見五蘊皆空，召見五蘊接空，前者描繪著在智慧中接觸煩惱，後者描繪著在煩惱中接近智慧，像鉗形攻勢那樣。下一個小遊戲是，前面街的是觀自在菩薩云云，後面街的是受想行識，亦復如是，在心經這個城市裡，文字居住在不同的街道上，你要讀它們得去

找尋它們，得移動自己走過街道，像是走在被Bion比擬作caesura的蛇接圖（蛇梯圖）。

這動作像是把玩著魔術方塊，把文字翻來覆去的時候，心智的視野也跟著顛來倒去，像頑皮的孩子倒過來看世界，為的是有一種不被了解的衝動與所涵容的機會空間。想像佛洛伊德在意識、潛意識之間找到了前意識；溫尼科特在客體關聯、客體使用之間發明了過渡空間，在母親和嬰兒的身上找到了母嬰一體；想像著Bion，也許是個瞇著眼睛的Bion在看世界，當用grid和caesura同時看世界，雙目視覺之下，在可逆視角下看到的那個恐怖的色即是空，就可以有個棲身之所，像是萬花筒，空即是色。

[卡夫卡日記]（商周出版）

1910日記　舞伶艾德多娃

　　當火車從旁駛過，觀眾愣住了。

　　如果他一直問我。那個a從句子裡脫離，飛走了，就像草地上的一顆球。

　　他的嚴肅真是要命。衣領裡的腦袋，頭髮圍著頭顱梳理得文風不動，肌肉緊緊繃在臉頰上……

　　森林還在那兒嗎？大體上還在。可是我的目光才移開了十步之遠，我就放棄了，再度被無聊的談話俘虜。

在陰暗的森林裡，在溼透的泥土地上，我只能依靠他衣領的白色來指引方向。

這一段像是夢境的開頭，或是結尾。或是對意識上能夠起作用的一段，因緣俱足的情況下，留在意識的床上醒來。

艾德多娃熱愛音樂，不管搭車去哪兒都有兩個提琴手隨行，她經常要他們演奏……我的耳殼摸起來清新、粗糙、涼爽、滋潤，像一片葉子。

我這樣寫肯定是出於絕望，對於這具身體以及我在這具身體裡的未來。

當這份絕望顯得如此確定，如此與其對象緊密相連，像是被一名掩護撤退、並為此能粉身碎骨的士兵使勁阻擋，那麼這就不是真正的絕望。真正的絕望總是馬上就超越了它的目標，（這個逗號就顯示出只有第一個句子是正確的）。

你絕望嗎？

是嗎？你感到絕望？

要逃嗎？你想躲起來嗎？（卡夫卡日記，1910）

這裡的停頓點，都顯示出一種對絕望因希望翻轉而失望後更加絕望的感觸，可以說，停頓點隱藏了空間，因而讓無法直接語言表現（法）的感觸（色）有著傳達的機會。

[卡夫卡日記]

1910　日本雜耍藝人

　　有五個月時間我寫不出任何令我滿意的東西……我的情況，弄不清楚這一點想來就與我沒有能力寫作有關……因爲所有出現在我腦中的事物，都不是從根部開始出現，而是從中間某處。有誰試著要去抓住他們，抓住一根從草莖中間開始生長的草，並且緊緊握住。……每天至少有一行字是對準了我而發的，就像現在有人拿著望遠鏡對準了彗星一樣。……我今天做了三件放肆的事（對司機和主管）……我脫離了自己，在空中在霧裡戰鬥，而最討厭的是，沒有人察覺我當著同行者的面做出了放肆的事……當你遺棄了自己，你甚麼都無法達成，可是留在你的圈子裡你又錯過了多少。……我也寧願在圈子裡挨打（按：像司機和主管），勝過在圈子外打人，可是這個見鬼的圈子在哪裡？（卡夫卡日記，1910）

　　野性思緒並不被稱爲野性思緒，它並不認識自己，它不吃自己的東西；這個部分令我聯想起出國的體驗：在台灣時是台灣人，出境台灣而入境日本，在日本入境時是日本人眼中的台灣人，這兩種台灣人的差異性：有一種台灣人是被日本人稱之爲台灣人而來的，一種台灣人是認爲自己是台灣人因爲自己居住於台灣。這裡是多點連接，雙眼

聚焦。然而有一種情況，出境台灣但還沒入境日本，我在免稅商店買東西時，我停留在此的時候，此時我應該不知自己是甚麼人，除了我的護照上面寫著的身分之外。在這裡面促使我認為是台灣人的原因是我要買東西拿出護照來的時候。當然有可能，你的雙眼聚焦一直覺得我應該自始至終是台灣人，我剛剛的說法可能像是個可逆透視：我是誰？圈子裡的我同時瞥見圈子外的我，因而有種組織變成崩潰，因而此時需要有caesura來阻止崩潰，這視乎自身組織能夠忍受悖論的程度。

　　Grostein：「現在，這是我與Bion意見不合的地方。不存在所謂的β元素。根據Bion的說法，β元素意味著它還沒有被『α-β化』。它還沒有被『　』精神化。這是不正確的。這就是Bion對抗Bion的地方。Bion已經給出了他為什麼錯誤的答案。觸及我們的一切都是精神的，因為我們對它的最初認識是通過感官器官進行的。感官器官即大腦。所以它是一個外在的物體，在接觸時立即被夢的作用編碼、加密。Bion暗示了這一點，但從來沒有明確說出：不存在所謂的無意識。無意識並不是無意識的。我們對它是無意識的。但我們將我們的愚蠢、盲目投射到它上面。無意識非常清醒。無論我們是清醒還是無意識時都是如此。因此，我認為應該將心靈視為全息圖。許多不同

有心與無心：如果卡夫卡的日記是Bion的Caesura

的人格占據同一個空間。並且在停頓的分割下神祕地分開。因此：α功能——這是新的輸入在個人的情感前線上登陸的接待面試，這個新的刺激經過接待面試並準備進一步通過思維、通過定性化（α-β化）的過程。然而，如果有一種猶豫不決 - 它太危險，我無法應對，它太創傷性了——我會拒絕它，並將其稱爲『β元素』。」（James Grotstein, On Caesura and Reversible Perspective.）

Grostein：「但是，β元素並不知道它是一個β元素。這就是爲什麼它在個性周圍形成了一個β屏幕。我們將它送走，但它不想離開；它是我們的一部分。這是投射認同背後的一個因素之一。我們將它投射出去，但就像一個不想離開母親的孩子一樣。它總是想要回來。這種總是想要回到原點的趨勢被稱爲迫害性焦慮。它眞的想要回來⋯⋯帶著毒藥。因爲它被驅逐出去了。在這方面有兩個角度，這與防禦機制的概念相關。可能有兩類防禦機制——正常的和病態的。正常的防禦機制可以理解爲更高層次的區別和壓抑，相當於告訴自己的心靈：『我現在無法處理這個，因爲我太年輕、太害怕、太不成熟。你替我保存好，我答應在我足夠成熟時來贖回被壓抑的內容。』這是正常的。但是對於病態的防禦，就是出賣自己。破產。『我無法處理這個。我拒絕處理這個。我放棄成爲一

個人的權利。我放棄所有的快樂。」多年前，當我寫了一篇名為《惡魔附身、分裂和喜悅的煎熬》（1979）的論文時，我並沒有意識到這一點。放棄自己享受快樂的權利，放棄成為一個人的權利，他們認為這樣就能保護自己不必經歷生活。」（James Grotstein, On Caesura and Reversible Perspective.）

投射認同的元素令人想到逃難者，受到迫害的人必須離開土地，或是被流放者。被驅離的過程與原因太過痛苦，以至於必須產生一些α功能來適應它。可能是驅逐自己的內在，驅逐思考，取而代之有毒的思想做為一種被迫害歷程的替代：這是斷裂點。特別痛苦的情況無從選擇滲透性，這是強迫性的滲透，猶如單行道上被火車追著的單車騎士。因此無時無刻，那些被迫害的碎片同時代表著被迫害歷程的本身（類似於記憶的碎片），圍繞著自己，無意識的自己則成為一種救贖之地，棲息所，避難處。新一代的迫害於是不斷製造新的斷裂點而繼續發生，強迫自我從意識與無意識之中逃離，而形成新的逃難者。

Grostein：「Bion與Winnicott非常接近，儘管他從未明言。Bion談到了災難性（catastrophy）變化的痛苦，而Winnicott則談到了無法繼續存在（continuity）的失敗。嬰兒期的創傷構成了無法繼續存在或對任何變

化感到恐懼和災難。自閉症兒童非常恐懼新的變化，任何變化都是不好的變化。他們需要對稱而不是不對稱。那麼，正常嬰兒如何適應變化呢？夢意味著一種調適的痛苦，放棄一種被視爲理所當然的狀態，換取另一種狀態。過渡——最初由Fairbairn描述，後來被Winnicott竊取——實際上是竊取的，他後來承認了這一點——但第一個以其他方式談論它的人是Bion。因此，停頓（caesura）是其中一個功能。停頓中存在的是忍受變化的能力。停頓的一個功能是減輕或處理變化的功能。那麼這意味著什麼？哪個功能能夠做到這一點？這就是Bion的天才之處。這就是夢。夢。將眞相神話化，而不改變眞相，以使其可忍受。或者用數學術語來說，將無窮縮減爲有限，以便你能理解並忍受它。此外，還有劈開、分裂，通常被稱爲「區別」。分類。然後在稍後創造性地重新組合。這就是停頓。」（James Grotstein, On Caesura and Reversible Perspective.）

　　Grostein：「還有一件事我要說。記憶和欲望。Bion在那裡追求的是——不幸的是，他說得像一個英國軍官！——『放棄記憶和欲望！』——像一個命令。『是，上尉！』他的意思是，語言—替換語言—經驗的語言沒有語言，沒有感覺。因此，如果我們要感受它，我們必須

擺脫那種替代語言。Caesura表示記憶和欲望同時存在又分離。一個自我必須使用替代語言來應對現實世界。另一個自我必須使用成就語言來感受。因此，如果我們要感受它，我們必須擺脫使用替代物的需求。所以，caesura的意思是：在記憶和欲望中，我們就像是連體嬰。我們同時在一起又分開。一個自我必須使用替代語言來應對現實世界。另一個自我必須使用成就語言，剝離了替代物，以閱讀內部腳本——內部對所發生事情的記錄。然後它們在caesura上相遇，通過α功能進行比較和交流。」（James Grotstein, On Caesura and Reversible Perspective.）

　　記憶連結過去和現在，慾望連結現在與未來，這種連結像是一下子縮短了差距，而的確很像夢，形成好像疊影一般的錯覺。心智有一個常見的簡單功能：回憶，與回放影像（mental image），放著某時某刻的影片，好讓嬰兒覺得並不是沒有母親的孤獨，這時的caesura點上，心智的存活扮演角色，因而可以連接沒有母親的孤獨感世界。這是凡人的我的生命所需的停頓點。而可逆透視或是雙眼聚焦，則有機會從停頓點再繼續往前或是還原，一個沒有母親也沒有我的境界，沒有分離就也沒有相遇的狀態，不生不滅不垢不淨不增不減，是故空中無色，也不必因此要透過α功能找尋忍受孤獨的方法，雖然這好像是一

有心與無心：如果卡夫卡的日記是Bion的Caesura

種孤獨於依賴的孤獨，或許是一種真正的核心。而生命可以透過雙重視角產生新的自我的創造，藉由突破caesura而再次遊戲。

因為我們找到彼此的不同，所以反而產生的是有一個相同的共識

我創造的我，和小時候的我，雙重視角的凝視之下，找到不同的我；那是不同我互相擁抱的機會，或許是生命所需要的停頓點、休息點、棲身所。

Reference：

1. Winnicott (1974). Fear of Breakdown, International Review of Psycho-Analysis, 1:103-107.
2. On Caesura and Reversible Perspective, James Grotstein MD and Willow Pearson MFT MT-BC, (2016).Fort Da,22(1):51-60.
3. Thomas Ogden(2009). Psychoanal. Q., (78)(2):343-367 Kafka, Borges, and the Creation of Consciousness, Part I: Kafka-Dark Ironies of the "Gift" of Consciousness.
4. Bion Clinical Seminar in Tavistock, 1976. 6. 28.
5. 卡夫卡日記，Franz Kafka，姬健梅譯，商周出版，2022年7月初版。

劉又銘

精神科專科醫師

台中佑芯身心診所負責人

臺灣精神分析學會推薦精神分析取向心理治療師

精神分析臺中慢讀學校講師

聯絡方式：alancecil.tw@yahoo.com.tw

有心與無心：如果卡夫卡的日記是Bion的Caesura

Caesura喜就拉／喜再拉
——對又銘段的與談，或者是對全部的與談
與談人：陳俊霖

前言

　　很榮幸獲邀參與這個跨不同心理治療學派的對談，雖說同是深度心理學的範疇，實際上對看彼此的文本時，仍發現思維甚爲不同。我想像著參與此中，我能有什麼？貢獻更多的聯想與自由聯想？貢獻擴大法的拓展？貢獻積極想像？謹以此文酌記個人對Caesure的諸般意象，與其可能象徵的思索。

Caesura喜就拉

　　於是，我從 "Caesura" 一字開始環繞巡行（circumambulantion），先到維基百科^(註1)看一圈：此字發音約如Si-Ziu-Ra（/siˈzjʊər /），拉丁原義是切割（Latin for "cutting"），原意是詩文、韻文中詩韻上的暫停（a metrical pause or break in a verse where one phrase ends and another phrase begins），前文

於此而止，後文自此而始。諸多符號可以用來呈現，例如comma（,）、tick（√），或兩條線，可以用雙斜線（//）或雙直線（||）做為這種略做停頓的指示。

然而這個停頓所指涉的，可長可短（In time value, this break may vary between the slightest perception of silence all the way up to a full pause.）。岔出到醫學，這次查找也連帶學到，因為caesura拉丁原義就是切割，所以剖腹產醫學名為caesarean section，過去學習時常以為跟帝王凱撒有什麼未知的典故，實則無關帝王切不切開，切開就是切開，而成剖腹產。

維基此下又舉了各種語文為例，例如荷馬（Iliad）伊里亞德（Iliad）的：

μῆνιν ἄειδε θε || Πηληϊάδεω Ἀχιλῆος

（"Sing, o goddess || the rage of Achilles, the son of Peleus."）

既言拉丁文，義大利人顯然是拉丁人留在當代世界的連續體，古典音樂便是使用義大利文。我們接著探訪音樂文化，或許也可成為我們感受caesura的好材料：現代音樂中的確用了caesura，使用一種俗稱「鐵軌」（英國稱"tram-lines"，美國則稱之為"railroad tracks"或"train tracks"）的雙斜線記號，用以表示一種延長的寂靜（a brief, silent pause）。

但這個延長的寧靜並不
被算進拍子裡面（metrical
time is not counted），對
比一下「延音」（Fermata，
義大利語停留、停止），在
「延音」時，演奏者可以任由
自己拿捏，想把這個「有聲之
音」延長多久就多久，但還是
算原來的拍子。隨你歡喜就把
「有」拖拉一下。

相比之下，caesura是放在無聲之處，留給演奏者自
己拿捏想要把這個寧靜延長多久都好，但還是原來的拍
子。時間被延長，但設置被暫停。另一處網上查找到的音
樂知識，說caesura是「可以是短暫的1-2拍，也可以是足
以讓時間凝結的好幾個小節，就像延長記號一樣，停多久
完全憑演奏者自己的感覺。」隨你歡喜就把「無」拖拉一
下（註2）。

這也就明白對比出：caesura就不是「休止符」
（pause, rest），如果是休止符的話，停了是要算拍子
的。作曲家覺得，這裡要暫時拖一下，但不是休息，不是

休止符，是個caesura。^{（註3）}

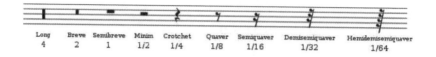

| Long 4 | Breve 2 | Semibreve 1 | Minim 1/2 | Crotchet 1/4 | Quaver 1/8 | Semiquaver 1/16 | Demisemiquaver 1/32 | Hemidemisemiquaver 1/64 |

在休止符，安靜占據的是絕對的時空，休止時，屬於節拍的時間依然正常流動；但在caesura，安靜用的是相對的時空，caesura時，屬於節拍的時間流速減緩，甚至暫停，直到它結束，時空才回歸常態。如果把愛因斯坦對時空的相對性挪來比喻，那麼，這個讓我們心靈中原有的時空秩序會產生改變的瞬間，應該有個心靈中的巨大重力場存在，讓心智時空都扭曲了。

維基百科在此條目下竟然還冒出一句："Not to be confused with seizure." 乍聽像是來插科打諢的冷笑話，但也帶來一個畫面，萬一癲癇發作失去意識，前後的心智世界真地斷掉重來，那就不算Caesura，醫生會說：『喔！機蓋洗seizure啦！』

真正的caesura只能扭曲，通常是時空被延展，但不能斷裂。

至此，中文翻譯如何為上？是譯做「停頓」？還是「塞修拉／瑟修拉／塞─休─拉」、「喜就拉／喜再拉」？循著上面的擴大（amplification），這像是中

有心與無心：如果卡夫卡的日記是Bion的Caesura

文朗讀時「抑揚頓挫」^{（註4）}中的「頓」，而且就只有「頓」，還不到「停」的程度。頓了之後說不定會挫（轉折），也說不定不會。這裡有個「喜就拉」，依你歡喜就拖拉一下吧……但是！別停太久……

心經（The Prajna Paramita Hrdaya Sutra, The Heart Sutra）

　　至此，如果要回應對接《心經》「色卽是空，空卽是色，色不異空，空不異色」，caesura似乎自然而然就接上「頓卽是續，續卽是頓，頓不異續，續不異頓」。

　　1952年首演，美國前衛作曲家約翰・凱奇（John Cage）的《4分33秒》（英語：4'33"、Four minutes, thirty-three seconds、Four thirty-three，常被稱爲「四分半鐘的寂靜」），演奏者從頭至尾都不需要奏出一個音。是由「任何樂器或樂器組合皆可演奏」的曲子，「此曲最特別之處爲演奏者從頭至尾都不需要演奏出一個音」，「一般來說，鋼琴演奏者在樂章之間會做出開合琴蓋、擦汗等動作，而在演奏這首樂曲期間，聽衆聽見的各種聲響都可被認爲是音樂的組成部分。」

　　這彷彿空性音樂的極致，其中仍有著色，如果我們

真跟得上演奏家的節奏的話，「此曲子分為三個樂章，其中第一樂章長度為30秒；第二樂章長度為2分23秒；第三樂章長度為1分40秒」[註5]。相形之下，所謂正常的曲子有具體的色，穿插著少量的空所譜成。乃至有太多的音與色，在電影《阿瑪迪斯》中有句台詞是奧地利大公約瑟夫二世聽完莫札特的音樂後，既表示欣賞，又似乎有點消化不良地說道「太多音符了。（Too many notes.）」[註6]

在治療室中，或者更常還在門診間裡，滔滔不絕地抱怨著張三李四對他造成的傷害的病患，總讓我感受到一種反射式的、機械式的、電腦合成音樂式的連續重金屬音樂，激烈有餘，卻彷彿少了些什麼……是了！或許是少了某種人味或人情味的感覺。如果治療師，更可能是門診診間裡的醫師，熟練到也可以滔滔不絕地回答病患提出的疑問，台詞也像是固定的模板，那就像是存取效能很好的硬碟，已儲存好龐大的資料庫，在病患詢問時毫秒間找出正確，或符合當代實證的最佳回答，那似乎少了某種人味。

如果有那麼幾個問題，治療師向個案澄清時，治療師同理地質疑個案時，也可以是病患詢問醫師時，個案反問治療師時，彼此頓了那麼一下，那會是什麼意義。又或是一位演奏家彈奏著原本極為熟練的曲子時，彈著彈著，忽然有那麼一刻，想到了什麼，但又一瞬間沒想通，第二瞬

有心與無心：如果卡夫卡的日記是Bion的Caesura

間又想通了什麼，繼續彈奏下去，更或者是透過刻意為之的停頓，想要讓聽眾感受到演奏者其實想到了些什麼。

　　我想像著，能否在治療過程中，治療師有意地停頓了一下，讓個案的突觸有那麼一瞬間電流暫停，神經傳導物質小泡正將離開細胞膜進入突觸的這一剎那，卻出乎意外地被暫停，於是後面正排隊前來的神經傳導物小泡，想像一種卡通漫畫似地撲擠上來，前排暫停讓後面擠成一團，又瞬間被放行，於是一大坨正擠在一起的神經傳導物小泡如開柵猛虎，如脫韁野馬似地爆衝而出，於是打通了原本只靠個別小泡打不通的突觸障礙，那一瞬間出現的火花，靈光乍現，心智頓悟。當然，以上仍只是意象式的自由聯想，應與神經生理學的答案仍距鴻溝。

　　所以，雖然「a就是b」，「b就是a」，可證「a就是a就是b」，「ababab就是aaaaaa」，但必須來個ababab，出現一波一波的脈動，才能進入下一個層次，雖然同出一源，本質相同，但有了抑揚頓挫，才有機會推動某種演化、進展。更進一步，一方有意識的、自我（ego）主導的停頓，或者近乎無意識的、自我也無法控制的停頓，會否又有不同的效果？治療師能否用有意識的停頓，帶動個案被動的停頓，接著又能促成什麼新的可能性？我的停頓帶動你的停頓，你神經突觸的波動脈衝，帶

動我神經突觸的波動脈衝，一種超距的非物理力於此展開。

至此，有沒有「塞一休一拉」這個電光火石間一段一段歷程，還可能與意識的覺察產生關連。這個時代，我們要談意識，似乎不能不談到「圖靈測試」、「AI人工智能」、「Chat GPT」等。如果我們打開電腦，用程式碼輸入：「請查出caesura的定義、心經全文、卡夫卡日記各有多少字？」，電腦螢幕上可以看出它正快速地從資料庫查出資料，一瞬間呈現在螢幕上，這樣的威力，發生之初勢必也曾驚嚇到人類，但我們今天已經習慣了。

我們再朝Chat GPT，用日常的語言，甚至語音，向Chat GPT問了個問題：「請問caesura、心經、卡夫卡之間有什麼關係？」納入主動計算和網路傳遞的延遲（"雷格"，lag），或者我們真能掌握電腦晶片運作時間的情況下（這遠遠超過人類時間知覺的極限），假如我們看著它原本應該在1毫秒就能回應給人類答案，卻發現它開始用1.1毫秒才回應，回答得還是蠻好的，我們會不會得擔心：「啊！Chat GPT開始有『塞一修一拉』現象了，這……是不是Chat GPT人工智能開始出現意識的跡象了？……」在那0.1毫秒的時間差的前後，Chat GPT人工智能機器頓了超過機械速度的一下，我們似乎開始「意

有心與無心：如果卡夫卡的日記是Bion的Caesura

識」到Chat GPT的一些什麼，即便仍不足以知道那是不是意識。

　　著名科幻小說《三體》的作者劉慈欣在另一篇作品〈朝聞道〉中曾描寫宇宙中某種高等存在「排險者」，出手制止人類即將進行會造成宇宙毀滅的粒子加速實驗。而人類之所以會被排險者盯上，始自37萬年前某個原始人仰望星空的時間長過預警閾值，觸動了警報，人類被發現對於宇宙的奧秘產生好奇，則距離解開這個奧秘，就宇宙的時間尺度而言，只剩一步之遙了。

　　那一眼之前，原始人圍坐著聚會，那一眼之後，原始人圍坐著聚會。乃至於那一世，抬頭瞥了瞥星空的原始人不知凡幾，但就是他那片刻的停頓、滯留，在心靈的世界中突破了無謂走進而好奇，突破了淡然走進了驚艷，把心靈推進到下一個階段，甚至可能就是意識從無意識中誕生的第一步。

　　在談到caesura時，佛洛伊德原本寫道：「儘管『誕生』這個被慢鏡頭定格了的『事件』展示了一個讓我們信以為真的印象深刻的『塞修拉』，但與在子宮內的胎兒和子宮外的新生兒之間的連續性比較起來，是微不足道的。」演化生物學上有所謂的「間斷平衡」（Punctuated equilibrium），認為行有性生殖的物

種可在某一段時間中，經歷相對傳統觀念而言較為快速的物種形成過程，之後又經歷一段長時間無太大變化的時期，這是由美國古生物學家尼爾斯·艾崔奇（Niles Eldredge）與史蒂芬·古爾德（Stephen Jay Gould）所提出。

如果有著某段時間變化迅速的外在環境，促成了某個種系在此時期的迅速演化，同時觀看前後，將會看到頗為不同的物種，但從未斷裂，只是後世可能難以找到中間消失的環節（missing link）。那麼，我們改寫佛洛伊德的原文：「儘管『中間物種』這個被慢鏡頭定格了的『證據』展示了一段讓我們信以為真的印象深刻的演化上的『塞修拉』，但與在遽變前的舊物種，和遽變後的新物種之間的連續性比較起來，是微不足道的。」

但那一段遽變、那些中間物種哪裡去了？那裡有著一段氣候變遷或天崩地裂，一段水深火熱或血腥暴力，那裡有一個演化史上的巨大重力場，扭曲了，但還好沒有撕裂某個種系的血脈。但這樣的停頓，跨度可能達到數個世代，幾百幾千年，只能說在物種演化的百萬年尺度中，猶如一瞬。

種系發生中可能長達幾萬年的平衡期，甚至能稱為活化石的物種可能有幾百萬年外型上看不出明顯改變，卻

又可能在幾萬年間遽然轉型。個體發生上，像蛹期一樣長約數週的停頓轉折，則讓雞母蟲變形成甲蟲，讓毛毛蟲變形成蝴蝶。這又達超過caesura，也不止是pause，也許更像一段cadenza，變化得太大了點。那已經是煉金級的停、頓、止、轉化，前後雖然是同一個生命，改變得甚爲鉅大。這衝擊了我們對個體與物種誕生前後落差的想像。

我始終很疑惑，卡夫卡心裡頭想像的「蟲」是哪一種蟲？具體的種類、品種是什麼。卡夫卡的變形記英文版說是：transformed into a huge insect，德文則是ungeheueres Ungeziefer，指的是"monstrous vermin"，但這似乎無法讓我確認該是毛毛蟲／蝴蝶／蛾、雞母蟲／甲蟲／鍬形蟲，或者稱爲害蟲vermin會否可以包括老鼠、蜘蛛、蜈蚣……等不在昆蟲綱分類下的生物。卡夫卡筆下的主角窩在房中的停頓後，究竟變成了什麼？

再次回到治療室，許多年前剛學心理治療，張凱理醫師教我試著「問個案一個讓他會想一下，會折／褶一折／褶的問題」，大抵還是剛開始的階段，他教我某種技術上如何操作心理治療對話的具體方式。我甚至不確定他的用字會是「折一折」還是「摺一摺」，但這個問題讓我折來折去，一路折到現在。

但真的在心理治療過程中，能向個案提問的瞬間實在太快了。又或者隨著學習心理治療的經驗會讓我們有能力快一點問，更或者隨著學習心理治療的經驗會讓我們知道其實可以慢一點問，治療師只能磨練自己的直覺（Bion的hunch, Bion和Jung都談的intuition），讓自己在那瞬間、那片刻，或者開始敢於拖個10秒、1分鐘，用自己過去幾年、幾十年不斷上載資料，訓練出的自己的意識與無意識黑箱，在那個電光火石間，擠出某一腦區的神經傳導物質，頓了一下，最後透過布洛卡區的發話，或者動作區，或者更多區，傳遞出非語言的回應，發射出一劑「塞修拉」，問出一句話、連帶做出一動作，讓個案竟然也頓一下，折一折，串起了一個新的突觸。

"No Memory; No Wish." 這中間有個分號，兩個意念之中有個caesura。前面no memory否定了ego在時間軸上往前call out求教的許可，正當ego想要在時間軸上向後思考不然未來該怎麼辦的時候，又被no wish給否決了。是No time to retrieve the memories; No time to make a wish/plan. 或者是No need to？Not allowed to？那是一個「決定性的瞬間」（註7），治療師得訓練自我成為一台AI，姑稱之為Analysis GPT（Generative Pre-trained Transformer），決定了那個瞬間，因為一股衝

有心與無心：如果卡夫卡的日記是Bion的Caesura

擊，一陣巨大的重力場，會創造出一劑什麼樣的「塞修拉」。

　　畫面帶到某個心理治療中的片刻，治療師頓了一下，接著個案頓了一下。這一停頓的前後，當然得還是同一次會談；但這一頓，我們希望頓得有機會促成一點改變、一點進展；這一頓，也許是治療師有意無意的主動的一頓，也去帶動個案被動的、無意識的一頓，再繼續意識化出一些什麼。治療師能否依自己喜歡的程度（希望隨著工作資歷真能越來越從心所欲），就這麼拖拉一下有拍子或沒拍子的停頓？自我訓練成一個自由懸浮的O？讓這個瞬間的空，具有帶來最多的色的潛力。

註1：參見：https://en.wikipedia.org/wiki/Caesura，2023/07
註2：引自知音音樂音樂小常識：
　　　https://zmusic.tw/2013/05/08/%E6%A8%82%E8%AD%9C%E4%B8%8A%E7%9A%84%E9%9B%99%E6%96%9C%E7%B7%9A%E6%98%AF%E4%BB%80%E9%BA%BC%E6%84%8F%E6%80%9D%EF%BC%9F/
註3：圖片來源：
　　　https://en.wikipedia.org/wiki/Rest_%28music%29

註4：宋‧張戒《歲寒堂詩話》卷上：「而子建（曹植）
　　　詩；委婉之情；灑落之韻；抑揚頓挫之氣；固不可
　　　以優劣論也。」

註5：維基百科：
　　　https://zh.wikipedia.org/wiki/4%E5%88%8633%E7%A7%92，
　　　2023年7月。

註6：電影〈阿瑪迪斯〉（Amadeus, 1984）：Emperor Joseph
　　　II: My dear young man, don't take it too hard. Your work is
　　　ingenious. It's quality work. And there are simply too many
　　　notes, that's all.

註7：「決定性瞬間」（The decisive moment）一詞原出攝影
　　　大師布列松（Henri Cartier-Bresson, 1908-2004）之詞，
　　　此處挪用不盡相同於原義。

陳俊霖

精神科醫師
榮格分析師
亞東紀念醫院心理健康中心主任
臺灣榮格心理學會理事
臺灣沙遊治療學會常務理事
臺灣心理治療學會常務理事

有心與無心：如果卡夫卡的日記是Bion的Caesura

第五章
五蘊皆空：寫作的終結，
何時它會再度接納我？

噢！父親——通往自我、夢思與空性
郭淑惠

　　兩種選擇：做你自己，或者安於現實。後者是一種願望的滿足，因此是怠惰的；前者是一個起點，所以是行動的。——卡夫卡

　　本文從《卡夫卡致父親的信》談起，了解36歲時卡夫卡怎麼看自己及心中的父親，並對應到他較早期《卡夫卡日記》中，描寫幾個跟父親有關的夢，並由這些夢境進一步的思考，寫作的自我分析能否形成如比昂提出在知識、認知上的轉換？最終，寫作所創造的世界是否可以走向佛法的空性？

一、「父親」的巨石般的重量，要用一生去承載

　　《卡夫卡致父親的信》，這是卡夫卡在他36歲時寫給父親的一封信，他41歲（1883-1924年）離世，這是他離

世前五年寫的，當時他已經生病二年了，此時卡夫卡是成熟的作家，透過深刻的觀察和不休止地寫日記，寫出大量的優秀作品像《判決》、《變形記》、《審判》、《鄉村醫生》等。當他寫了這一封長信給他的父親，父親對他像巨人，他是既崇仰又恐懼，急於逃離卻又交織著歉疚的矛盾情感，卡夫卡托母親轉交這封信卻遭到拒絕後，他就再也沒有採取別的途徑讓父親讀到它，所以這封信最終沒有送達收信人父親的手中。不過這不會只是一封控訴父親的信，可以理解成他在達到思想的成熟時，透過書寫的形式重新去分析他自己及面對父親或威權的內在自我。

在《卡夫卡致父親的信》，一開始提出要寫出他對父親畏懼這件事是困難重重，信的開頭這樣寫道：

「最親愛的父親：你最近曾問過我，為什麼我聲稱在你面前我感到畏懼。像以往一樣，我不知道該怎麼回答你，這一部分正是出於我對你的畏懼，一部分則是因為要說明這種畏懼的根源牽涉非常多的細節，答案將是不完整的，因為在寫下來時這種畏懼及其後果也會使我在你面前障礙重重，因為素材之大已遠遠超出了我的記憶和理解力。」（禤素萊譯，寶瓶文化出版。以下同版本。）

卡夫卡指出他要寫出對父親的感受，他用素材之大已遠遠超出了他的記憶和理解力，可以去想像一個小孩子在

有心與無心：如果卡夫卡的日記是Bion的Caesura

童年那時所受到的苦，經過一二十年的輾轉反覆之後，這個苦可能變成一個龐然巨物。人不論是經歷極度驚駭或是每日習以爲常的痛苦，都會很難去描述這個痛苦是什麼，即使嘗試將腦中的記憶和理解的創傷經驗表達出來，有時都會有種說不清的感覺，或很難能被別人懂或體會。

在《卡夫卡致父親的信》，他信中寫到他年幼時的一段回憶：

「我老是哭哭啼啼地要水，絕對不是因爲口渴，大概旣是爲了慪氣，也是想解悶兒。你嚴厲警告了我好幾次都沒能奏效，於是，你一把將我拽出被窩，拎到陽臺上，讓我就穿著睡衣，面向關著的門，一個人在那兒站了一會兒。我並不是說這樣做不對，當時爲了讓我安靜下來，可能確實別無他法，我不過是想借這件事說明你的教育方法以及它對我的影響。從這以後，我確實變乖了，可我心裡有了創傷。……那之後好幾年，這種想像老折磨著我，我總覺得，這個巨人，我的父親，終極法庭，會無緣無故地走來，半夜三更一把將我拽出被窩，拎到陽台上，在他面前我就是這麼渺小。」

卡夫卡試圖理解到父親當時對待他的做法，是以自己會的方式在訓練自己的孩子，大家可能也會好奇他的父親是怎麼教育他的，卡夫卡也在信中寫到這樣的一段話「你

只可能按你自己被塑造的方式來塑造孩子，卽通過力量、大叫大嚷和發脾氣，這種方式之所以很合你的心意，還因爲你想把我培養成一個強壯勇敢的男孩。」可以看到卡夫卡父親的教育方式，卡夫卡嘗試在長大後去理解父親的苦心，但童年的陰影無法在理解中鬆脫對巨人父親恐懼，父親的影響也可以在《卡夫卡日記》中看到他對自我身體形像有類似的描述。

信中他提到他們常會一起在更衣間脫衣服的情景。

「我瘦削、羸弱、窄肩膀，你強壯、高大、寬肩膀。在更衣間裡我已覺得自己很可憐了，不單單在你面前，在整個世界面前也是如此，因爲你是我衡量萬物的尺度。」他來到了游泳池邊，他更不敢往下跳，老是在跳水板上磨蹭。「我這個緩慢成長的孩子與你這個成熟的男人將如何相處，就會以爲你會一腳把我踩扁，踩得我化爲烏有。這倒是沒有發生，生命力是難以估量的，然而，發生的事可能比這還糟糕。」

他看到他和父親兩個人的差異，巨人般的父親像大樹一般擋住了風雨，但若是作爲長在大樹身邊的花草，會不會因爲大樹遮擋了陽光。卡夫卡曾說：「我寫的書都與父親有關，我在書裡無非是傾訴當著父親的面所無法傾訴的話。」恐懼一直是他書寫中重要的主題，探討著威權強勢

和順從孱弱的對比。然而寫作，並不只在傾訴無法對父親說的情感，也有著自我的意志正在其運行，在他許多的虛構的小說中同時存在著威權的父親和孱弱的兒子組合，寫作創造出一個舞台，讓父子的愛恨情仇可以上演，卡夫卡雖然無法苟同父親的教育方式，但是他嘗試去懂父親背後的情感，他曾對朋友說：「那是我父親，他在為我擔心，愛經常戴著暴力的面孔。」（張伯權譯，1983）

二、父親進入夢中，是靈魂的修鍊

對於卡夫卡來說，寫作是他「夢幻般的內心生活」（dreamlike inner life）的寫照。他的夢像他的格言「有目標，但沒有路。」（There is a goal, but no way.）「路」這個詞在卡夫卡的作品中經常出現，顯然是位於深處，然而他卻不斷試圖逃避；但是他通過夢境進入深處。他在日記中記錄了這些夢境。當他做夢時，夢境往往展示了卡夫卡最深層心理問題的核心結構。

《卡夫卡日記》有幾篇與父親有關的夢。

第一個與父親有關的夢：1912年5月6日（卡夫卡29歲）的日記，主題是【和父親乘電車】

「不久前作的夢：

我和父親搭乘電車穿越柏林。大城市的特徵表現為無數個直立的柵門，漆成雙色，末端磨鈍了。除此之外幾乎空無一物，但是這些柵門很密集。我們來到一座大門前面，不知不覺地下了車，進了那扇大門。門後有一面陡直向上的牆，父親爬上去，一雙腿動得飛快，簡直像在跳舞，那對他來說是這麼容易。他根本沒有幫我，這肯定也顯示出他的不知體諒，因為我得費很大的勁才能手足並用地爬上去，經常會再往下滑，彷彿那面牆在我腳下變得更加陡峭。

難堪的是那面牆上還沾滿了糞便，有好幾塊黏在我身上，尤其是在胸前。我低頭去看，用手去抹掉。等我終於到了上面，父親已經從一棟建築裡面走出來，立刻朝我飛奔過來，一把摟住我，親吻我，抱緊我。他穿著一件舊式的短禮服外套，是我記憶中熟悉的，裡面像沙發一樣加了襯墊。」

在夢中，他肢體的靈活跟父親相比有很大的落差，父親飛快跳舞般地翻過門後的牆，而他卻得手足並用地爬，還倒霉的在胸前沾黏了大便，這有著一種難堪。父親並不來幫他翻過去，但看到兒子爬過來，卻又親又抱，似乎父親只有在孩子克服挑戰才能認可和擁抱孩子。此時父親所

有心與無心：如果卡夫卡的日記是Bion的Caesura

穿的衣服舊式的短禮服外套，裡面像沙發一樣加了襯墊，一方面象徵著傳統父權的形象，但那舊式禮服外套裡面還加了襯墊，他是否也注意到父親作爲一個最底層的猶太人，父親是14歲便離家出來闖湯，在鄉間販賣餐風露宿，三十歲打拼出了一家商店，好像成功地融入歐洲文化社會，內心仍潛藏著猶太人的焦慮（恐懼），父親爲了正常生活，以一種無意識方式來忽略猶太民族的痛苦。夢中的牆上有著大便是一種令人做噁的圖像，但不能逃避得要面對地爬上去，卽使身上得黏到大便，卡夫卡用的是直接面對痛苦的痛苦。這種「噁心得作嘔」的描述，散見於卡夫卡的作品中，他使用「噁心」、「污穢」、「粘液」……一系列的用語。

在這邊可以看到卡夫卡將寫作視爲把某部分自己重新誕生出來的方式，必須不畏噁心、沾黏污穢的誠實面對。

第二個與父親有關的夢：1916年4月19日（卡夫卡33歲）的日記，夢的主題是【拉住父親】

「不久前作了一個夢：我們住在護城河街上，靠近『大陸咖啡館』。一個軍團從紳士街上轉進來，朝著火車站的方向。父親說：『這可得去瞧瞧，只要辦得到。』於

是跳上窗戶（父親穿著菲利克斯——大妹長子的褐色睡袍，整個人就是他們兩個的混合體），張開雙臂，站在那道很寬、但傾斜得很厲害的窗台上。我抓住他，抓著他睡袍上腰帶穿過去的那兩道環，拉住了他。他故意把身體伸得更出去了，為了拉住他，我使出了全部的力氣。我心想，假如我能用繩索把我的雙腳牢牢綁在某處就好了，免得我被父親給拉走。可是，假如我要這麼做，就至少得暫時先把父親鬆開，而這是不可能的。睡眠承受不了這種緊張——我的睡眠更加承受不了——於是我就醒了。」

在這個夢中卡夫卡使出全身力氣，要拉住父親睡袍上的腰帶環，避免父親掉下窗台，他對自己的力氣是沒有信心的，想找條繩索把自己定住，但如此得要放掉父親，陷入兩難的緊張讓他醒了過來。在如此的緊張下，他與父親關係很難以親近，像在夢中只能拉著兩道腰帶環，而非身體抱住，父親全心投入他的愛好，在身體和情感他們兩個人都是疏離的。卡夫卡的情感是卡住的，無法擁抱也無法放手。

有心與無心：如果卡夫卡的日記是Bion的Caesura

第三個與父親有關的夢：1917年9月21日（卡夫卡34歲）的日記，夢的主題是【父親】

　　卡夫卡在這一年的8月忽然肺部大出血，九月份他聽從醫囑，跟妹妹同住到隔年四月，他逐漸停止了原本的日記與小說書寫。轉而在八開筆記本上記錄一些充滿沉思色彩的筆記，有哲理箴言，和有寓意的短篇故事。

　　「夢見父親。——有一小群聽眾（芳塔夫人也在其中，這足以描述聽眾的組成），在他們面前，父親頭一次當眾提出一個社會改革的理念。父親是想要這群經過挑選的聽眾（在他看來是一時之選）來替他宣傳這個理念。表面上他說得很謙虛，只請求這群人在瞭解一切之後提供對此理念感興趣之人士的地址，他將能邀請他們前來參加不久之後將會舉行的一場大型公眾集會。父親還不曾和這些人打過任何交道，因此過於認真地看待他們，還穿上了黑色禮服外套，並且極其詳盡地陳述他的理念，表現出外行人的所有特徵。儘管這群聽眾根本沒準備要聽一場演講，他們立刻看出，父親所提出的就只是一個早已被討論過的陳舊理念，被當成原創的理念得意地提出來。他們讓父親察覺到這一點。但是這在父親意料之中，他深信這種看法微不足道（不過他自己似乎也多次試著提出來），帶著微

微的苦笑，更加慷慨激昂地陳述。等他說完，從眾人不滿的嘀咕就能聽出來，他既沒有說服大家這個理念具有原創性，也沒有說服大家這個理念的可行性。不會有太多人對這個理念感興趣，但還是零零星星有幾個人給了他幾個地址，出於好心，也可能是因為他們認識我。父親完全不受整體氣氛的影響，收拾了講稿，拿出事先準備好的一小疊空白紙片，以便把那寥寥幾個地址抄下來。我只聽見了一個宮廷顧問的名字，叫史提贊諾夫斯基之類的。——後來我看見父親倚著沙發坐在地板上，就像他和小菲利克斯玩耍時那樣。我吃了一驚，問他在做什麼。他在思考他的理念。」

在這個夢中卡夫卡的父親用的是過時的理念，也被看穿，卽使有人理會也是因為他們認識卡夫卡。父親本來像巨人的形象，在這個夢中出現了轉變，而卡夫卡可以用一個較為遠觀或是第三者的角度來描述，父親最後能夠開始去思考他的理念，他心中不可撼動像巨人的父親，成為一個可以思考的客體。

三、以書寫雕刻出巨石中的父親

前面談了《卡夫卡日記》中三段關於父親的夢，這都

有心與無心：如果卡夫卡的日記是Bion的Caesura

是在卡夫卡《致父親的信》之前，卡夫卡36歲有一段新的戀情，對象是茱莉・沃里契克，本來這一年夏天決定結婚，卻遭到卡夫卡父親的強烈反對，最後不了了之。這個事件也促發了卡夫卡在這一年11月寫出了《卡夫卡致父親的信》，剖析他與父親的關係。可以看到文字書寫讓卡夫卡可以創造一個文本（text）上的父親，卡夫卡的自我形象也在這些書信、日記用文字去面對自己的恐懼、逐漸地增強抵抗，見證卡夫卡的真實存在與改變。

寫作對卡夫卡的意義是什麼？在1922年1月27日日記主題【寫作帶來安慰】

「寫作帶來的安慰奇怪而神祕，或許危險，或許能帶來解救：從『行動—觀察—行動—觀察』這樣的循環裡跳脫出來，藉著創造出一種更高形式的觀察，更高而非更銳利。這種觀察愈高，從「循環」的位置看來更無法企及，它就也更為獨立，更加遵循著自己的運動法則，它的路徑更加難以預料、更加歡樂、更加上升。」

卡夫卡在寫作中所得到安慰，我覺得也像是一種尋求救贖，這得要去涉入其中，全心全意日以繼夜的奉獻，保持一種紀律的寫作，即使寫不出來或是只擠出一點字句仍

不放棄，他的觀察書寫不只是對外在事物深刻描繪，也將自己的內在世界透析出來。從他在世上所留下的最後一則日記（1923年6月12日）中，我們可以清楚看出寫作並不能幫助他把自己的靈魂救贖回來，但他透過寫作擁有了可以抵抗的武器。他說：

「下筆時愈來愈膽怯。這是可以理解的。每一個字在鬼魂的手裡翻來覆去——手的搖晃是鬼魂特有的動作——就成了一支矛，轉過來瞄準了說話的人。……唯一的安慰是：不管你願不願意，它都一樣發生。而你想做的事就只提供了一絲感覺不到的幫助。勝於安慰的是：你也握有武器」

卡夫卡在日記中真誠地勸告我們：「不要絕望，甚至對於你並不絕望這一點也不要絕望。在似乎窮途末路之際，總會有新的力量產生，而這恰恰意味著你依舊活著。」

四、寫作形成了一個容器／被容納物的Caesura

卡夫卡以寫作作為武器，陪著弱小恐懼的他去面對巨人父親，像是童話故事中的屠龍行動，得從恐怖的惡夢中醒覺，才能清楚看到自己及父親。醒覺的旅程得從「我曾

經是畏懼弱小。現在我是有感受、能思考。」這是一種變化（transformation），從身體的創傷記憶、無法思考和打從心底感到對自己的絕望，到擁有一個內在空間，那裡能匯集原始情感的容器，這個容納空間可以涵容內在心理現實和外在現實的接觸，在這樣的體驗中不急著逃走或隔離，同時有能力待著、耐心地處理這種體驗。卡夫卡的書寫形式是保持著與痛苦同在，如心經中的「觀」與「行深」，不是毫無思考地分裂不同的心智狀態，或是處在無意識的幻想，希望永久解除預期的痛苦。因為這種「觀」的勇氣，進行了一場轉化的旅程。

Bion提出Caesura作為一種觀察事物的頂點。比昂通過佛洛伊德開闢的幾條寬闊的道路，並加以發展，即佛洛伊德的夢、思維和本能理論。caesura在佛洛伊德（1926）作品《抑制、症狀和焦慮》（Inhibitions, Symptoms and Anxiety），指出「子宮內生命和最初的嬰兒期之間的連續性，比令人印象深刻的生產過程的分界線有更多的連續性」（第138頁）。這是一個深刻的觀察—胎兒在子宮內出生到產後的嬰兒雖有著斷裂（caesura），卻是一個延續的生命體。在Bion 1977年發表的論文《Caesura》，它被提升到一個概念（concept）的地位。它涉及到一個悖論：比昂，和佛洛

伊德一樣，並不試圖解決這個悖論。他試圖理解它並使用它。悖論便是Caesura本身（Sandler, 2018）。

Bion以Caesura作為他的方法學之前，他著重於情感體驗的心理闡述，被描述為知識的轉變（Transformation in K）；在提出Caesura後，晚期Bion專注於非表徵體驗水平的轉變，他稱之為O中的轉變（Transformation in O），他認為這在心理變化方面更強大（Vermote,2018）。Bion提出Caesura，為我們開展出一種開放、複雜、動盪、持續發展的感覺，這個概念已經成為他作品中越來越重要的概念。Sandler（2018）指出Caesura是一種同時統一又同時分裂的事件。Civitarese在《Caesura 作為Bion的方法論》一文中指出，Caesura可以視為Bion在精神分析探究如何思考的一種方法學。

其中的不容易思考，是因為他並不是要給一條快捷方式，而是提供一種思考的悖論，讓我們在Ps←→D（the paranoid-schizoid position ←→the depressive position）的來回過程，擴大其中的可能性，所以無法在其得到所謂的正確的答案，而且最珍貴的是我們願意在其中苦思、浸泡、耐受在一種無知、沒有人告訴你答案的情況，閱讀他的東西，像是明智心理師說的解壓縮，但這種

解壓縮用的是自己的解碼語言，別人解碼出來可能是另一種樣貌，這種不同也是我們必須能包容，並讓差異再次擴展我們的思想。

五、一切都是空性

卡夫卡以寫作的方式作爲觀察人生百態的頂點，在每天持續日記書寫，等待著靈感的降臨，不逃避痛苦的身心經驗，對於浮現的意識流如實地記錄。這不是因果線性模式的流水帳，而是一種覺知的訓練，試圖了解念頭的本質，最終放掉具體的執著。我們可以視整個世界爲充滿潛在的敵意，把它劃分成具吸引力和不具吸引力的東西，或者我們可以把世界視爲連續轉化的過程，永無止境的變化，同時是非實存的（賴聲川譯，p.35頁）。

Caesura可以用於理解人生中的里程碑，如出生或死亡，但也可以用於理解反復發生的不那麼戲劇性場合，當我們面臨從一個狀態到另一個狀態的挑戰時。它可以用於揭示心理運動的微小組成部分（微觀）以及終身發展旅程的整體（宏觀）。它使我們能夠注意到在特定和一般情況下與客體世界的接觸或遠離的運動（Robinson, 2014）。

比起以口語表達方式來傳達Caesura的概念，書面形式更能傳達出真正的精神分析的一些困難，精神分析臨床現場非常依賴口語表述，這幾乎無法表達對悖論的容忍度，而這種容忍度是進行分析和回歸原本生活所必需的（Sandler, 2018）。人類的心智往往需要找到前因後果、確定的和最初的起源、最終的解決方案等;caesura或無法確定的邊界，迫使人們處於脆弱和不確定的光譜內，將使人們覺知承受著恆久的壓力。對於比昂來說，因果關係僅意味著事實的時間順序。

　　Bion認識到，差異和連續性，存在和不存在，獲得和損失，生命和死亡，somapsychotic和psychosomatic等僅是同一現象的不同方面，同時在頭腦中保持這些對立面的困難反映了人類保持創造性caesura的困難（Trachtenberg, 2013）。在心經中「是諸法空相，不生不滅，不垢不淨，不增不減」，佛陀開示世間法的本質：一切世間法一切法的空性，即的，可從三方面顯示不實在的真空性質，「不生不滅，不垢不淨，不增不減」。這與Bion在caesura論文結尾提到的內容有異曲同工之妙：「我們要去探察caesura；它不是分析師；不是被分析者；它不是潛意識；不是意識；它不是理智；不是精神錯亂。但是休止符（caesura）、鏈接、

　有心與無心：如果卡夫卡的日記是Bion的Caesura

突觸、（反）移轉、及物—不及物的語氣。」（Bion，
1977/1989，第57頁；蔡榮裕譯）。

　　Bion認為病人的沉默和非語言行為皆應被理解為自
由聯想，並且在形成病人的溝通語言，分析師運用自己
的直覺和想像性的聯想，包括夢的想法、夢境和神話，
還應包括視覺或任何其他感官圖像（Bion，1992，第325
頁）。寫作的無限空間，作為一種自由聯想的方法，作為
一種「觀自在」的法門，最終探究到一切空性的本質時，
了悟一切的苦也是空性的，這並不是件容易的事。父親形
象本身是色受想行識的化身，是因緣和合，轉化有不同的
法門進入，從卡夫卡透過寫作對自身存在進行深刻思考與
批判、比昂以caesura作為一種理解事物的頂點、心經的
空性皆引導著去思索宇宙存在的終極意義。

參考書目：

Robinson, M. (2014). Mapping the Caesura. Canadian Journal of Psychoanalysis, 22(2), 326-338.

Sandler, P. C. (2018). The language of Bion: A dictionary of concepts. Routledge

Trachtenberg, R. (2013). Caesura, denial and envy. Growth and turbulence in the container/contained: Bion's continuing legacy, 231-242.

Vermote, R. (2018). Reading Bion. Routledge.

卡夫卡致父親的信,襪素萊譯,寶瓶文化出版。

卡夫卡日記,姬健梅譯,商周文化出版。

賴聲川(譯)(2012)。僧侶與哲學家:父子對談生命意義(原作者:Jean-Francois, R. &Ricard, M.)。臺北市:究竟。

張伯權(譯)(1983)。卡夫卡的故事。(原作者:Gustav Janouch)。臺北市:時報。

郭淑惠

諮商心理師

新竹《心璞藝術》心理諮商所所長

精神分析取向心理治療師

臺灣精神分析學會會員

臺灣藝術治療學會專業會員

松德院區《思想起心理治療中心》心理治療師

台北市立大學教育學系教育心理與輔導組博士

聯絡方式:xinpu48@gmail.com

蔡榮裕

第一部分：緣起

1.我將《卡夫卡日記》，和佛洛伊德的《夢的解析》以及《榮格自傳》，這三者的並列是有意義的，但如果從生命早年受苦的程度來對比，卡夫卡幾乎是在如Winnicott描述的，那些生命早年就飽受生死交關的恐懼裡長大。佛洛伊德某種程度是個快樂的小孩，他的父親對他說了一個故事，爲了走進一條小路，卻被他人撥掉高帽子後，父親只是默默低頭撿起帽子，讓他對父親感到失望。榮格在孩提時心裡的受苦，也是原始的有不少死亡的意象。

2.《夢的解析》是佛洛伊德在父親死後，懷念裡多年哀悼後的作品，也可以說《夢的解析》是佛洛伊德的某種型式的自傳，因爲這本書中所分析的夢大都是他自己的夢。探索這三位重要人物不同型式的自傳，會是一個有趣的主題。不過，在本次研討會我需要修剪一下，自己在這篇文章裡的企圖心，只先集中在描述「寫作的終結，何時它會再度接納我？」（1915.1.20）這個短句的相關想像。

3.我覺得《卡夫卡日記》的內容是更原始、更破碎、更恐懼下的心理工作史，也許使用「昇華」來形容都是薄弱的說法，如在《卡夫卡日記》裡說的，「我對文學不感興趣，我就是文學本身。」Winnicott和Bion嘗試描繪的，生命很早年的破碎心理經驗，呼應著卡夫卡孤獨地在文學裡也有著心理工作，值得我們來發現……這些描述並非就是說明的終點和結論，而只是為了相對於古典精神分析，以性學、伊底帕斯情結和官能症為主要焦點下，所推衍出來的論述之外，加進後來的Winnicott和Bion的觀察點，是不同於古典的焦點。

4.也就是把觀察的場域，從三四歲時伊底帕斯情結的三角競爭經驗，推往生命更早年的經驗。例如，出生後和母親（母親的乳房）所建構出來的關係。

5.不過，在《卡夫卡日記》裡，他書寫時的想法，並非從這方向來談自己的一生，而是以夾雜日常生活想法，和有著小說素材描繪等混合的成果。那些小說的素材也可以說是他的想像力的呈現，我們是否要如精神分析早年，包括佛洛伊德借用達文西的一個記憶，例如一隻鳥以尾巴要打開，還躺在搖籃裡的達文西的嘴巴，加上一些片斷訊

息，來建構出達文西的心理傳記，談論何以達文西的助手，大都是俊美的少年男子？

6.在當時是很厲害、很先進的建構心理史的方式，只是如果再以相同的方式來建構的話，在目前看來可能是老套的做法了，反而只是變成只是，以現有的精神分析術語做為潛在指導，然後尋找材料或扭曲材料，來配套形成一種心理史？這不是我們想要進行的方式。

7.因此我們每次的[以文會友]的研討會，都是一種探索和摸索，精神分析和其它文本的關係，以及如何對話，有創意的對話，而不是在人性的探索上，質與量仍遠遠不足的術語，來分析卻更像是冒犯其它文本，變得更像在窄化想像力，雖然如何做可以變得有意義，讓想像更有創意，也是一個探索的過程。我們讓自己可以享受這樣的創作過程，如先前其它文章裡提過的，不是過早地滿足於，以現有的相關術語，來詮釋一些臨床現象。

第二部分：psyche-soma之間的hyphen，和caesura

8.我在準備這篇文章的過程，思緒是變了好幾回，最後以這版本做爲發展想法的文字紀錄。畢竟並非只是要回顧文獻，而是更想要說著自己的話。我先以比昂的Caesura做爲核心，以中介地帶或者那是第三方的想法做爲起點。

9.這是有著臨床經驗的起點。佛洛伊德做起點的古典精神分析，設定以精神官能症患者爲主，並且以三四歲的伊底帕斯情結做爲聯結，或這情結如中間地帶的caesura。雖然現今已知不可能簡化成說，是因爲當時伊底帕斯情結未完結，所以有後來的歇斯底里。這種說法是簡化且不太科學的病因學的說法，不過佛洛伊德當年多多少少有這個假設下，所發展出來的技術，以「詮釋」（interpretation）做爲核心技術，要在各種官能症症狀和現象裡，找出這些背後潛在的心理動機，尤其是和伊底帕斯情結的關聯。

10.其實一百多年來，這種可以輕易就觀察得到的，

小孩和父母的三角關係，是仍有它的重要影響。不過臨床現象早就不是如原本設想的單純化了，也就是當克萊因（Klein）、溫尼科特（Winnicott）和比昂（Bion）等，將焦點挪到「前伊底帕斯」的時期，如佛洛伊德所說的口腔期或肛門期。甚至這三位幾乎可以說，是以口腔期做為觀察重點，涉及身與心，以及和母親或父親做為外在的客體經驗，並相信這些經驗所影響的是人格，而不再只是精神官能症狀。

11.視野的典範是早就挪移了，並非古典的論點無效了，倒不是如此，而是個案群的不同。例如後來以自邊緣型和自戀型人格的處理為對象了，不再只是官能症的症狀，而且處理的技術也需要其它的，例如溫尼科特所提到的母親的技藝，例如holding, handling, object-presenting，經由抱持、把屎把尿的過程，而有接得住的感受後，在嬰孩心中萌生的有客體存在感，所帶來的基本信任感的產生。

12.跟今天主題有關的內容是指，溫尼科特主張psyche-soma對於人性（human nature）的重要影響，而他更強調psyche和soma之間hyphen的重要性。

而比昂提出的caesura，也有著在嬰兒出生前後的中間的hyphen意味，那麼強調這些中介地帶是要做什麼呢？以及和這中介地帶有關的內外因緣，也就是如果把那hyphen理解成，內外在「因緣」的因子而聚合的所在，會如何影響兩端的主體性呢？如同兩個人是否能在一起，我們會以要看有無因緣可以串連起來，讓兩個原本陌生的人能夠成為一對，而因緣論下，借用《心經》可以給我們多少新的了解和體會，來串連精神分析對於人性（包括在《卡夫卡日記》裡展現的）和心經之間的牽連？甚至對於臨床工作的技藝和態度，可能有些什麼影響呢？

13.這是我這篇文章的前置說明，接下來我再來細論和衍伸，前言裡的主要想法，也就是強調psyche-soma之間的hyphen，和主張caesura的概念，以及它們的存在本身有著內外因緣眾多因子的聚合，它們之間有著什麼關聯嗎？簡單的說，就是身心之間的hypen, caesura和因緣三者之間，在概念上如何相互說明、相互發明、相互創造，而產生有趣的想像，並有助於臨床工作時的技法和態度的養成？

有心與無心：如果卡夫卡的日記是Bion的Caesura

第三部分：[psyche-soma]—[Caesura]—[因緣]

[psyche-soma]

14.當溫尼科特對於孩童在某階段，常抱著泰迪熊或棉被，他給與命名那些是「過渡客體」（transitional objects），而且他也說這不是內在客體，但也不是外在客體，是個中間的地帶。如果看過《心經》裡的說法，空不異色、色不異空，空卽是色、色卽是空，以這方式談論身體和環境做爲「色」，「不異」是指沒有不同，色沒有不同於空，它也是空的說（本文第八部分會介紹這些說法），看來是如溫尼科特在描繪「過渡客體」時，使用的悖論般的說法來刺激思考。

15.也許溫尼科特這種說法，是爲了避開精神分析長期以來，以內在世界做爲焦點，對於外在環境的故事，先是在設想成那是在呈現「移情」的假設，而溫尼科特也是小兒科醫師，他看見的臨床常是母親抱著嬰兒，這讓他無法忽視母親做爲外在環境或外在客體的存在。但是他也相信人和人之間是有個「之間」發生了很多事，讓人和人可以因爲那些事而牽連在一起，因爲很多沒有直接說出口都發生在「之間」。

16.至於過渡客體的現象，是發生的年紀是一兩歲了，他提到的「沒有嬰孩這件事，有的是母親和嬰孩」，雖是一體感，但是意味著嬰孩和母親之間有著另一個領域，也就是他說的，既不是內在，也不是外在的領域。溫尼科特在《玩與現實》（Playing and Reality）這本書裡，第八章The Place Where We Live（我們所在的處所）裡，提出中介地帶（intermediate zone）和潛能空間（potential space），來描繪這個我們正在經驗生命的所在，他以現在進行式we are experiencing life的所在，這如前述不在外在環境，但也不純然就只屬於內在世界。

17.我們是好奇，何以他要提出這些中介地帶呢？就人和人的互動來說，在談話或沉默一起時，兩人之間所交流不會只是話語，而是另有其它的感受和想像，在不自知不覺中形成。在精神分析技術史裡，詮釋式的談話被當做核心，但是在整個分析治療的過程裡，詮釋只佔時間的很小部分，其它的時候我們說是在等待或在忍耐著什麼，但那是有什麼發生在那些時候呢？

18.或者相對於詮釋式的交談互動，其它時候都有些

像是中介地帶，相較於在克萊因之後的溫尼科特和比昂等，已把焦點放在語言的詮釋，可以發揮功能之前的生命狀態，那是在言語之外，或是在沉默裡展現出來的內涵。和溫尼科特同時代，在理論上也有相互競技的比昂，在本文將以他的Caesura做為討論的重點，在本質上這詞也有著，如溫尼科特在psyche-soma之間的那個hyphen的意義。

[Caesura]

19.比昂的Caesura是一篇專文，這詞的中譯很多樣的可能，有人譯做停頓，有人譯做休止符，但它在比喻上也像是可以去任何地方的車站，或者還有其它的可能性。這是因為這詞可以被後來者做自己的延伸比喻，而增加了這個語詞的豐富性和活力。

20.比昂談論Caesura這麼說，「（Caesura）的標題取自佛洛伊德的觀察：『子宮內生命之間的連續性，比令人印象深刻的出生行為的停頓，前者比我們相信的要多得多。』」談論出生前後生殖過程的「連續性」，但以「停頓」或「休止符」來形容這是中間地帶，也就是說原本是要說明，看來有中斷的地方其實有著潛在的連續性，前後

牽連的關係。

21.這些語彙都是在描繪著有著中間地帶，或者可以說是有著第三方的存在。如比昂所說的，從生命早年的破碎經驗，是否能爬到伊底帕斯情結的三人關係的舞台，仍是未知數，因此他是強調伊底帕斯情境（Oedipal situation），而不是情結。

22.也就是生命早年受創傷者，如果當初的傷害愈嚴重，而使得人格狀態愈原始，愈接近精神病這端，那麼是否他們能夠走到伊底帕斯情結的舞台呢？其實是存疑的，理論上伊底帕斯情結時，對父母，在理論上是更接近較「完整客體」（whole object）的狀態，雖然在實情上是否真有可能達到所謂的完整客體，而不是破碎般的內在，仍是值得議論的課題，但是有個膜般的框架，來讓這些心理碎片有著某種程度的整合，本質上是屬於能夠語言溝通內心世界，因此「詮釋」的結果較易有思索的空間。

23.這也是前述的，何以難古典做法裡，強調只要分析，也就是以詮釋做為主要技術時的語言溝通方式。只是臨床上那些源於生命早年創傷者，如果形成邊緣型和自戀

型人格者，分析治療師對於患者有著潛在動機的詮釋，常不是變成可以溝通交流的談話，而是覺得被冒犯，這讓不少人開始想這是怎麼回事？可能涉及語言本身的侷限，或者也有說話時的意在言外，這部分出現了妨礙的因子？

24.不過依著目前在文獻或討論時會聽到的說法，關於如何做自己，以及做自己時和他人的關係是什麼呢？如果從個人主義（individualism）出發來推論的話，對於男孩來說，常看見「伊底帕斯情結」被理解成是「弒父娶母」，並且將這種三人關係，變成進一步推論要做自己時，就是要弒父。但是如果再細想，這種以要排除某一方，才能宣稱可以做自己，這是接近精神病式的分裂機制（splitting），這是很原始的機制，個人和個人之間的原始關係，只有好壞愛恨的二元對峙。

25.雖然「伊底帕斯情結」放進了三人關係裡，但如果仍是以弒父做為做自己的想法，其實仍是原始的精神病性，而不是一般設想的官能症者的高功能防衛機制，例如潛抑（repression）和壓抑（suppression），這在臨床上顯現的是，個人顯得克制，而不是如前述慣常使用分裂機制者，顯現的是攻擊性和撕裂性強。

26.如果不是只從個人主義出發來談三人關係，這並不是要排除誰，而是確認三人間有著微妙的競爭關係，但最終仍是以三人之間的相互妥協、相互共榮、相互的互為主體的三人關係。我覺得這比較接近佛洛伊德起初設定的，伊底帕斯情結和精神官能症的關係，相對於只有愛恨好壞絕裂二分關係，而缺乏中間的第三地帶者，是屬於精神病式的心智（這裡所說的精神病式的並非等於精神分裂症）。

[因緣]

27.我的假設是，psyche-soma的hyphen，以及caesura做為第三地帶，出生前後和生死之間的因子是因緣所生，也就是如果身心的hyphen，和caesura是有它們的內涵，如同有風有雨有雷的地帶，或者是有著戰爭的事件正在發生著，而這些內涵如果以佛教的「因緣」論來對話，也許可以豐富它們的內容。畢竟如果缺乏內涵的話，就好像那個第三地帶是空空的，是風和日麗的地帶，但是如同比昂談caesura，是延續佛洛伊德的說法，關於出生前後的連續性的主題，是指出生的過程的經驗，大概很難想像生殖的過程，就是一個風和日麗的經驗吧。不過在眾多的可能性和想像裡，最後總是得回到，是眾多因緣

的俱合而促進的過程。

28.我在這裡只是先列舉，聖嚴法師（心的經典：心
經新釋）對於因緣論的一些說法做為參考，也是做為補
充前述第三地帶內涵的豐富性，但也具有的「無常性」
才容易接下去了解，比昂何以提出「無憶無慾」（no
memory, no desire）的說法。

29.因緣：
因緣觀分成兩類：一是以空間現象講因緣，是物質關
係的；二是以時間現象講因緣，是精神生命的。佛法是以
精神為主，以物質為副，在《心經》中講的十二因緣，是
從時間過程的三世流轉，講此有故彼有，此滅故彼滅的生
命現象。
十二因緣觀，即是分成十二個階段，說明人的生
命，何從何去。每一階段，都是果，又都連接著前因和後
果。……促成因果產生關係的就是緣，果是緣於因，所以
叫因緣關係。（聖嚴法師，心的經典：心經新釋）
（蔡註1：這裡所說的「果是緣於因」，如果我們以
這來聯想前述的，身和心之間的hyphen，以及caesura做為出
生前後之間的聯結，都有著如因與果之間的緣的意味。）

30.十二因緣

十二因緣是無明→行→識→名色→六入→觸→受→愛→取→有→生→老死。以此十二個階段配隸三世三個時段，便是：1.初三個屬過去世；2.中七個屬現在世；3.後二個屬未來世。

30-1.無明，行，識——過去世

「無明」是無始以來眾生煩惱的根本，稱為無始無明。……無明即是沒有智慧，所以引生煩惱，煩惱的心理現象是以貪、瞋、癡的三毒為基礎。因貪而追求，求之不得，或者得而復失，便會起瞋，不明因果及因緣的規律，便是愚癡。

凡夫眾生由於貪、瞋、癡的心理活動，反應到身、口、意的三種「行」為，為了行為就產生業力，業力是行為完成後所留下來的心理及精神力量……這種業力的結合就是「識」。

30-2.名色，六入，觸，受，愛，取，有——現在世

我們人類在母親剛剛受孕的那一刻，就算是這一期生命的開始。「名」是前世帶來的業力，「色」是由父精母卵成孕後的胎質。

（蔡註2：業力，也許可以和溫尼科特在《文化經驗的所在》裡所說的，人類有個文化池（cultural pool）的存在，讓每個人所努力的都有機會投進那裡而傳承。）

「六入」即是眼、耳、鼻、舌、身、意的六根，在胎中漸漸完成，出生後六根的功能與六識合而為一，再與色、聲、香、味、觸、法的六塵發生攀緣作用，便有煩惱的情緒影響，所以稱為六入。

「觸」是在出生之後，以六入的身，立即便與母體外的環境接觸。

「受」有五種：苦、樂、憂、喜、捨；捨受又可分成兩類：不苦不樂，不憂不喜。

「愛」是在受了以後，產生貪與瞋的反應：對於合意的起貪愛，對逆意的起瞋怨。

「取」是經過愛瞋的過程之後，就會產生爭取與抗拒的反應。

「有」是經過一生的身心活動，必然留下業力……有投生到未來世的業力，再在未來世受生及老死的果報。

30-3.生，老死——未來世

「生」是未來世的出生，從出生到一期生命的結束時，便是「老死」階段。

30-4.觀十二因緣

　　觀十二因緣很重要，十二因緣本身就是苦，如果不觀十二因緣就會製造苦的原因，然後結受苦的果。如果會觀它，就可以達到滅苦的目的。……《阿含經》中說佛法的基本觀念是「此起故彼起」，有無明煩惱就會造業，造了業就要受苦的果報……這就叫作生死流轉，但《阿含經》中又說「此滅故彼滅」……因爲無明煩惱滅，就不再造生死業，不造生死業，就不受生死的苦報，不受生死果報的苦，便是自在解脫的人。

　　（蔡註3：自在、解脫或自由，在英文都可以是free，因此以free association做為對患者的期待，以及以free floating attention對於分析治療師的期待，能夠飄浮的注意力，這些free是自由、自在或解脫？不同的譯詞會有不同的後續想像。）

　　（蔡註4：如果以「觀十二因緣」的概念，來對比精神分析的技術和態度，我不是說就以這些佛教語言來冠在精神分析的實作過程裡，而是如果這些語言在我們體會後，做為我們觀察在診療室裡，除了詮釋時，在之前的等待，是否有著佛教描繪的這些經驗，在我們的心身反應裡，影響著我們在等待時的態度？以及說著詮釋時的態度？雖然這些態度，我們常以「精神分析的態度」來描

述，但它的實質內涵，是否有著觀十二因緣的概念，會讓精神分析的態度有著另一種想像的內涵呢。這也是比昂在引進中世紀神祕宗教的語言，來描繪自己在診療室裡，面對未知（unknown）時的語詞，但他也強調就算如此，他仍覺得要維持著精神分析的技藝，只是這是什麼，也許仍是眾說紛紜。）

第四部分：之間

我再進一步以其它說詞和疑惑，來交織重述第三部分想要傳達的意涵。

31.這些「之間」的說法，如果如此重要，是需要更多的觀察和想像來描繪它的內容，如同我們說的「消化」，但是心理學的「消化」有著什麼內涵呢？也許還有更多的其它可以發現，不過我是覺得目前是有現成的，以因緣論做為「之間」的內涵時，是可以有著佛教經典和經驗，做為我們先來描繪「之間」所可能有的內涵，也許可以讓我們再來找出其它的，來補充豐富這些「之間」的內涵。

32.或者關於以詮釋技術為核心，來思索生命更早年

（意指出生後不久）創傷的破碎經驗，那是心身反應的聚合，是難以用語言來詮釋就可以清楚的生命經驗。從這些經驗走到可以被詮釋的經驗，例如假設和精神官能症有關聯的，三四歲時的伊底帕斯情結時的經驗，那麼這中間是否也如caesura？因為我們在詮釋之外，其實勢必運作了更多自覺和不自覺的技術和態度，只是可能不被當做是精神分析核心的概念？但是很難想像，對於這些困難的創傷者，我們不曾有詮釋之外的其它技術和態度的展現，只是可能被盲目以對？

33.如果和患者的心理工作的過程，可以到後來的以詮釋為主，也就是以說話為主，而其它的工作因子是被盡量減低到極簡了，就是以說話和詮釋為主要技藝，雖然其實很難想像真有這種情境是會怎樣？人和人之間還有其它的互動，那些不會構成影響療程的因子嗎？如果假設這是可能存在的，那麼這個過程經過了什麼呢？如同是出生後的成長，那麼出生前和caesura，我們能做的是什麼玩陪伴或其它的？

34.如果我們仍將伊底帕斯情結理解成，弒父娶母這個表面的意義，而忽略了這是三人和代代之間，如何共榮

的畫面，而以個人主義來理解做自己，是得將某位重要照顧者排除出去才能做自己，我覺得這是原始的分裂機制作用下的想法，也可以說是生命更原始的經驗遺留下來，直到了後來仍是如此想像，以為這樣才是成長。但實質上這可能更像是，退行到生命早年的經驗，而不是一般想像和期待的成長。

35.如何在生命初期的第三空間（例如溫尼科特說的psyche-soma之間的hyphen）裡，爬向三四歲的伊底帕斯情結的三人關係，自己和他人的關係，以及代與代之間的關係，也許這是伊底帕斯情結的奧義，而不是只以三角競爭的關係，來看待這個情結的意義？而如前述會以全有全無式排除誰在外，這是古老原始的分裂機制的殘跡。

36.除非是最後皆空境界了，如同最後，佛亦可殺，如果以這來比對小男孩的伊底帕斯情結，弒父概念的個人主義，其實這可能是潛意識的現象，但是如果被當做現實上成長的跡象，那麼這可能是做自己的方式的貧乏。意味著心理成分裡，不少比例仍是被古老的分裂機制所占據，舖著往未來伊底帕斯舞台的可能性，但是否每個人都能夠連爬帶走或跑，往這個情結的舞台空間嗎？

37.放掉伊底帕斯情結簡化的三角關係的論述，那只會讓我們變成採取認知策略，除非我們重新再認識這個重要的認知取向，而我們在認知能力和治療取向的基礎上，精神分析是還想要另有任務的，再回到生命更早年，嬰孩嘴巴和母親乳房接觸時的天雷地火，開啟了嬰兒可能生存下去，而且是逐漸靠自己活下去的起點。

38.溫尼科特在The Place Where We Live裡開頭提到的，他是要討論人正在經驗生命life的所在，他是從嬰孩的「玩」開始談到「文化經驗的所在」，不論玩的經驗或文化經驗，對他來說這些可能都是既不是內在，也不是外在的經驗。意味著第三空間的存在不，過如果要談論這些經驗和psyche-soma，以及它們之間的hyphen的意涵時，其實需要的是將這些經驗更往前推到，從吸奶時和母親的身體接觸開始談起，這也是後來能否玩的有創意或體驗文化經驗的起點，只是如同身心之間hyphen，或caesura的概念所激發的想法，從母嬰之間身體接觸，到後來的玩和文化的體驗中間，也是有著心理的長路需要被描述。

39.從溫尼科特再三重複提過的警示，如果只一意在

詮釋，以為那是精神分析的工作，而忽略了有著更原始的生命經驗，那不是可以輕易被語言觸及的原始心理領域，那是需要被接住（holding）做為起點，重新再培育那些生命早年的經驗。例如比昂所說的，出生前後的caesura的經驗，或是嘴巴和乳房在出生前就存有的「先概念」（preconception），到和乳房實際接觸後的經驗，所產生的乳房概念（concept）之間的相連結，爬向、走向和跑向三四歲伊底帕斯情結的人生舞台，並開始有能力體驗三人關係的過程。

40.其實就像每個車站有個站名，但是站與站之間是有長路和風景，因此目前是在站名流連久了後，會再想要探索那麼在站和站之間有什麼景色呢？只因如同在分析治療的過程裡，如果目前的想法是以做出詮釋，如同給個站名，但是臨床工作者都知道，在詮釋和另一個詮釋之間，是有很多心理工作存在於治療師的身心經驗裡呢。也許可以再擴展用caesura的概念，來想像詮釋和下一次詮釋之間有著什麼？

41.至於在這些過程裡，「精神分析的態度」這語彙的內涵，和「心無罣礙」或「五蘊皆空」或free之間，有

什麼關係嗎？精神分析的態度做為基礎，但這是基礎或者是分析治療師一輩子得努力的過程呢，還有不少語彙可能嘗試描述這個處境和態度，例如比昂的無憶無慾的態度，佛洛伊德的分析師如同鏡子，反映心理真實的論點，這些論點的重點其實是很成人式的方式，以分析治療師的態度為名，其實要面對的是，前述所提到人性裡原始的種種內涵。

42.因為有可能那些原始內涵，並非語言的詮釋可以抵達而發揮效用？回頭來看，雖然精神分析的態度被強調，起初是做為說話詮釋時的內在態度，但如果患者群已更多是邊緣型或自戀型人格者等，有著原始心智做主要推動者時，詮釋的功用是有限了，這使得原本只是當背景的精神分析的態度，可能變得有著直接且重要的痊癒功能了，不再只是分析治療的背景？

43.因此當我們在談論處理，這些人格困局的患者時，原本被當做是背景的精神分析態度，需要比以前更多的討論和探索，以及給與更多的細節的命名。雖然這麼做，離要了解患者何以痊癒的課題仍是很遠，但是如何把身心、人格、本性和人格疾患的分析治療，以及以前這些

被包涵在精神分析態度裡的內容，需要把它們召喚出來。也許有著把日常裡「身教」和「言教」納進來一起思索比對，來豐富這個原本是「之間」的精神分析態度，讓它有著更豐富的內涵。

44.雖然爲了處理原始的人性成分，所建構出來的人格課題時，看來是需要有著更高層次的精神分析態度，如無憶無慾，這當然不是容易的事。如果從現實出發來想像的話，也許就需要再強調，溫尼科特對於「孤獨的能力」（capacity to be alone），和「關切成全他人的能力」（capacity for concerning），兩者是一體兩面的。強調原本大家習慣的「做自己」，可能需要再重新思索，如果這是從個人主義出發時，所可能帶來的潛在困局會是什麼？

45.佛教修行的「自利」和「利他」的態度和做法，也許是值得參考的方向之一，例如如何在這種自利和利他並行的態度，來理解聖嚴法師對於自在解脫的心無罣礙，不然可能會解讀成只顧自己，雖然要談這個課題，對於習慣於從個人主義出發者，可能會覺得政治不正確。

46.為什麼說「心無罣礙」呢？當一個人心中無所得，內在無我，外在無物，內外皆空，那還有什麼好罣礙的？心有罣礙，一定是先有自我，有自我就會放不下人，放不下事物；心外有人、事、物種種計較牽連，梗在心上丟不開，這就是心有罣礙了。假如心像萬里晴空一樣，無風、無雲、無雨，也無日月星辰，只是一片皎潔，不著一點微塵，這便是智慧，是心無罣礙。（聖嚴法師，心的經典：心經新釋）

47.上述的態度也許也是解讀Peter Fonagy，對於精神分析理論碎片和補丁化的觀察，他是強調回到從臨床經驗出發，但我補充的是，也需要回到利己和利他同時存在，是有可能讓他談到的理論碎片化，可以有所整合的內在基礎？

48.「這種碎片化，在文獻中被委婉地描述為多元化，卻可能對精神分析是致命的。如果目前的理論分裂趨勢繼續下去，而精神分析作家如果開始只分享歷史和術語，那麼該學科最終將面臨理論的混亂與失序，所有作家都帶著妒嫉的方式，保護著不斷縮小的精神分析的補丁。隨著達成共識的可能性越來越小，任何特定理論的普遍應

用，將變得越來越困難，因此，使得與臨床實踐相結合的分析理論的潛力也可能消失。」（Peter Fonagy, Some Complexities in the Relationship of Psychoanalytic Theory to Technique (2003). Psychoanal. Q., (72)(1): 13-47）

第五部分：神遊他人的心聲

49.卡夫卡在日記裡寫著，「寫作的終結，何時它會再度接納我？」（1915.1.20）書寫這件事回頭變成了另一件重要的事件，或如同另一個人或一群人般，他希望能被「書寫」所接納。雖然什麼是被書寫再度接納，只是可以寫些自己滿意的作品，或者另有其它的可能性？不是作品是否有被滿意完成，做為被接納的指標，而是另有其它的，如果有的話，那可能是什麼？這是我好奇想要在卡夫卡所說的之外，來做推敲和想像的課題。

50.首先涉及昇華的課題，雖然我是覺得昇華這個語詞想要表達的意義，例如如果是借由某些創作，而讓原本的本能慾望，可以有更文明的型式來表達，並因此而讓起源於那些本能慾望的症狀和問題，可以因此有所轉型，這

是古典的說法。不過這個語詞至今是缺乏更仔細的內涵，來描繪它的心理的運作機制，再加上臨床或日常可見的是，作者可能有成功且受歡迎的作品，卻可能仍是憂鬱，甚至可能仍會以傷害自己做爲結束，反而好像結束自己的生命，更像被當做是接納他？

51.意味著做爲一個人，對於自己的存在，還有更多其它的因子，在左右著人的個性和問題。我對於如果只從卡夫卡的長大過程，和父親之間的創傷經驗，尤其是從兒子和父親之間的情結做爲主線，說明他是如何經由昇華作用而有了文學的成就，這是古典的論述方式。我無意再只是重複的，好像只是套上了公式，使用了幾個主要的語詞，就假設可以說明他的文學成就，和他在人和人間，他和愛情，以及他和文學書寫之間的複雜經驗。

52.中譯本編輯說的這些日記的重要性並不亞於小說，它們是卡夫卡文學的眞實源頭，呈現了這個無比奇異的心靈世界的內部運作。
「打開日記，就只爲了讓我能夠入睡。」——卡夫卡日記（1915.12.25）

53.我想到的是，佛洛伊德對於夢的功用的論點是如此，也就是夢可以延續睡眠，以免被內在和外在環境因素的刺激而中途醒來，不過我並不覺得佛洛伊德有針對這個功能特別加以強調，而是更在意於「夢工作」的心理機制，例如那些難以直接冒出來的潛在慾望，如何在濃縮（condensation）和取代（displacement）的心理機制運作，而以妥協的影像出現，使得我們需要事後再來聯想和分析夢的內容，才得以了解夢的可能意涵。

54.不過此刻就算是透過聯想和分析，可以了解夢的原味？不過這種期待是否真有可能，也是值得疑問，畢竟要分析到什麼程度，才會是最原初的慾望呢？也就是佛洛伊德認為的，夢的動力起點是「嬰兒式的期待」（infantile wishes），這到底是什麼？這種期待本尊仍是難以定論的，不過倒是可以確定的是，談夢的過程會有一些意想之外的想法，替原本的情況增加了新的生命氣息，而這是什麼呢？也許仍是一個謎，如同夢般。

55.「在閱讀瑞士畫家史陶博—伯恩的書信集後，他在日記裡評論道：『一本書信或回憶錄，不管作者是什麼樣的人……如果我們在閱讀時靜止不動，不用自身的

力量將他拉進自己的體內……而是獻上自己——只要不去抵抗，很快就會發生——讓自己被那個陌生人拉走，成為他的親人，那麼當我們闔上書本，重新回復自我，經過這趟神遊與休息，重新認識了自己的本質……』（1911.12.9）。」（耿一偉導讀）

56.文中所出現的字眼，例如神遊，以及描述的那種來回而成為親人的說法，是個相當生動的說法。神遊也可以和empathy相互聯想，而這個來來回回的心理過程，是對於移情和反移情來來回回的絕佳說明，雖然也許有人會覺得，成為親人的說法是否意味著，我們在治療者的位置上時會失去中立？也許有可能如此，但是也不可否認的是，我覺得前段的描述，更接近心理的實情。也許我們需要再有另一道心理工程，那就是再設想這些感受，如何翻轉或翻譯成可以心理工作的素材，而不是真的就是親人？我相信前文作者的意思，也是這種象徵的說法。

57.「就卡夫卡的詮釋觀點，對日記的閱讀，是一個讀者獻出自我，成為對方的過程。我們在閱讀這些親密文字時，作者腦中的想法也與我們同步，讀者的大腦被日記的內容所占據。日記原本設定的讀者，就只有作者自己，

有心與無心：如果卡夫卡的日記是Bion的Caesura

所以在這段閱讀過程中，讀者占據了作者的位置，讀者就是作者。只有卡夫卡的親人與朋友，才有資格閱讀他的日記，但我們也可以倒過來說，閱讀卡夫卡的日記的過程，就是成為他的親人與朋友。」（耿一偉導讀）

58.仔細想想臨床經驗，聽患者在說他們的人生故事時，和卡夫卡日記裡所呈現的內容，是有某種相近性，如同溫尼科特說的，不再只是對臨床症狀的關注，而是在於患者是如何活著，如何活下去，如何生活，這些才是真正的臨床課題。雖然症狀去除了，是健康了，但是有比健康更重要的是，人如何讓自己可以活著？而且能夠在其中發現到意義？那是源自觀察自己的故事而得出的意義，不是先有意義而照著去生活的那種意義，也許後者比較接近哲學思想的意義建構，而我們是從事後述說人生故事時，發現了自己曾有過的人生意義。

59.這種閱讀法的出出入入有個中介地帶，或者如同比昂在Caesura裡，對於嬰孩在出生的過程這段時間的定位，是個停頓，或者是個休止符，但也是子宮內外，和外在環境的內外之間。所以從音樂的休止符是一種讀法，雖然比昂在這篇主文裡，並未彰顯以音樂做為說明的背景，

而是在出生過程可能發生了什麼心理事件，值得我們在事後來探索和想像？不過由於這字具有聯想的潛力，而可能因此更豐富了這個中間的概念。

60.如同精神分析發展開始不久，就假設有潛意識和移情的存在，而開啟了從這些概念出發的觀察和探索。如同前述的中間的概念，當它被確立，就意味我們假設在裡頭留，有著生命的線索和殘跡。畢竟我們的生活和成長過程是，早就在猜想他人話語和動作裡，是否有意在言外或弦外之音，那些「之外」是早就有著什麼在那裡，做為想像的出發。

第六部分：五蘊皆空

61.「眼耳鼻舌身意，眼是指視覺神經，耳是指聽覺神經，鼻是指嗅覺神經，舌是指味覺神經，身是指觸覺神經，意是指大腦所司的記憶、分析、思想等等功能的神經，總稱為『六根』，六根個別接觸的對象為色聲香味觸法，稱為『六塵』。六根組成身體，又名『根身』；六塵組成我們生活的環境，又名『器界』。六塵中的法塵，是指語言、文字、思想等種種的符號，即能使我們用來記

  有心與無心：如果卡夫卡的日記是Bion的Caesura

憶、分析、思想的符號都可以叫法塵。」（聖嚴法師，心的經典：心經新釋）

62.六根和六塵的定義，大致上是把我們做爲治療者時，所需要的身體和心理，再加上環境因子一起來看的。雖然精神分析的基礎也有著「語言、文字、思想等種種的符號，卽能使我們用來記憶、分析、思想的符號都可以叫法塵。」把法塵這些當做是內心世界，但是如果我們回頭來觀察，自己和他人互動過程的體驗，不可能只有法塵的影響，其實是六塵都動員起來的。

63.「六塵組成我們生活的環境」如果從這定義組合來看，克萊因強調內在心理世界的主動性，而溫尼科特開始把促進的環境（facilitating environment），搬進精神分析的舞台時，起初是被指責那是不必要的，甚至擔心會影響精神分析的內在世界的視野和論述，期待的精神分析的內心世界的純粹性。目前回頭來看，六塵的運作是連動一體的（dynamic），要視而不見法塵外的其它五塵所帶來的影響，反而是奇怪的。不然何以要強調患者親臨診療室呢？就是把法塵外的其它五塵都帶進來，構成整個精神分析settimg的部分。

64.「什麼是『五蘊』呢？簡單的說，五蘊就是：色蘊、受蘊、想蘊、行蘊、識蘊，是吾人身心的總合。色蘊是指生理的、物質的現象，受、想、行、識四蘊是指心理的、精神的活動。……六根與六塵加起來合稱為『十二處』，是五蘊法中的『色法』。那為什麼叫『處』呢？處是指所依託的地方，意思是說：經由依託而能產生另外六種東西的地方，這六種東西，就是『六識』。能使眼睛看到物體、耳朵聽到聲音等等而產生認識的作用，即前面說過的，屬於受、想、行、識等心理、精神的活動。」（聖嚴法師，心的經典：心經新釋）

65.這裡所提到的五蘊十二處（六根加上六塵）和六識，如果我們細想自己，或者自己和他人的互動過程來說，幾乎包含了可以想得到的，意識和潛意識的內涵，或者心與身（psyche-soma包括中間的hyphen）的內涵。這是從目前佛洛伊德以降，在探索身體的歇斯底里症狀，它的潛在心理動機的思索和理論外，如果再加進佛學這些語彙做指標，來思索心與身，我覺得會讓精神分析原本的心身論更豐富，而且在語彙上是更貼近我們在地的語言。

66.借由語言的潛在連動的後續效應，會更有豐富

的期待可以浮現。對佛教來說，要「自在解脫」是需要「五蘊皆空」，不論有多少難度，但這些描繪本身，其實就豐富了我們的視野和細緻內容。至於我們談論free association和free floating attention時，對於這個free的自由、自在或解脫，可以有層次的認識，有次第的方向，而不會在缺乏這些具體內容時，容易變成只是思索「有自由」或「沒有自由」，而是有著多少自由，有著什麼內容和次第，來反觀自己的經驗？

67.五蘊的組合係暫時的生命現象，不僅肉體有生、老、病、死，心理有生、住、異、滅，連業識也隨著身心變化而不斷變化。……
若以般若的智慧來觀察五蘊所組成的生命現象，是無常的、是無我的、是空的。這「無常、無我、空」是佛學的基本常識，每個學佛的人都應該懂。由於我們的生命是無常的，有生、老、病、死，有生、住、異、滅，也沒有一個固定不變的我，「我」也是時時都在變化，因此叫作「無我」。這諸行無常、諸法無我的現象叫作「空」，「空」不是沒有，而是沒有固定不變的人、事、物。（聖嚴法師，心的經典：心經新釋）

68.上述佛教的想法也讓我想到，比昂在《第七個僕人》裡的說法，從認知方式存在的六個僕人是，who、when、where、what、why、how，做為開始時的評估和探索的起點。但是這並無法讓我們真的了解人的深層心理，而需要後來在這六個僕人休息後，讓第七個僕人出面後就可以完成其它的。第七個僕人是指「直覺」，至於直覺這個真實存在，也讓科學傾向者畏懼的字眼，我們如何讓這第七位僕人，也可以被描繪而現身，而不至於只是被當做神祕的存在呢？或者它的成分是，五蘊的總合浮現時的某些感受和想法？

第七部分：離苦得樂，苦是什麼？

69.如果「戒定慧」做為比對來看，「戒」涉及的診療室的設定，和慾望的界線課題；「定」涉及的是面對困難個案時，我們是如何忍耐或等待，而可以讓個案的狂風，變成茶壺裡的風暴，然後才有可能回頭談談這些經驗；至於「慧」也許除了知識層次的概念外，還需要是能夠自由的做自己，自由的談論自己。

70.「所以不斷造業受苦的根本原因來自無明煩惱，

也就是沒有智慧！那麼如何去開發智慧呢？必須修三無漏學和六度。三無漏學是解脫道的根本，而六度是菩薩道的基礎，也是三無漏學的開展。

71.三無漏學，就是戒、定、慧。六度，就是布施、持戒、忍辱、精進、禪定、智慧。戒與定是爲了得無漏慧，有了無漏慧，才能斷除生死惡業，即不再造生死的苦因。

六度中的布施、持戒、忍辱和精進是戒的範圍。⋯⋯修行禪定的方法有很多種，例如禮佛、拜懺、誦經、打坐、念佛、持咒⋯⋯等等。⋯⋯所以，解脫來自禪定和智慧之力。由持戒而離苦得樂，習禪定而得禪悅，修智慧而得法喜。⋯⋯依智慧而得自在，依三無漏學而得解脫，固然不錯，但是一個修行人如果心裡這麼想：「哦！我已經得解脫了。」「我已經有大智慧了。」或「我已經成爲大菩薩了。」那就有問題了。在空慧的觀照之下，根本是無苦、無集、無滅、無道的，這樣才會不離生死而不受生死的束縛，才是眞正的大自在。（聖嚴法師，心的經典：心經新釋）

72.雖然這只是表面的相互比擬，來探索精神分析目

前已知的技術本身裡，是否隱含著我們在地的語彙，做潛在基礎的想法和做法？畢竟精神分析的術語都是外來語，勢必有我們在地語詞的消化過程，如同方程式的右邊，有著我們在地的語彙。

73.離苦得樂，苦是什麼？

何謂「一切苦厄」？我們先說「苦」。苦有三大類：一是身體的苦；二是心理的苦；三是身心交熾的苦。身體有生、老、病、死四種苦。……至於心理的苦有三種：即求不得苦、怨憎會苦和愛別離苦。例如世人求升官發財、求婚姻美滿、求子孝孫賢等，能有幾人如願以償？這就是求不得苦。……俗話說：「冤家路窄」，這便是怨憎會苦。至於愛別離苦也是人間常有，其中最痛苦的，莫過於親子之愛、夫妻之情，因為生離死別而腸斷心碎，魂牽夢縈。……更且由於凡夫眾生把身心的現象與活動執著為我，在自我意識的驅動下，生生世世的造業，再生生世世的受報。這種生命輪迴，不斷地造業、受報，稱為「五蘊熾盛苦」，這是身心合起來的苦。總計上述有八種苦，我們叫它作「八苦」。（聖嚴法師，心的經典：心經新釋）

74.對於失落的苦，佛洛伊德在《克制、症狀與焦

有心與無心：如果卡夫卡的日記是Bion的Caesura

慮》（Inhibition, Symptoms and Anxiety, 1926）的附錄C標題《焦慮、苦與哀悼》（Anxiety, Pain, and Mourning），表示他對於pain的探索並不多，而佛教對於苦的這些說明，看來是更豐富了精神分析對於pain的內容。

75.至於「得樂」，在佛洛伊德當年以精神官能症做基礎的分析下，他是對於一些患者所呈現的，重複在生活裡遭遇不自覺的悲慘（unconscious misery），例如重複嫁給會喝酒並打她的不同男人，而後來能夠知道自己的不幸裡，有著當年父親的虐待經驗，但就算是經過這些了解後，如果在行為上不再陷於重複，但是她就會能感到快樂嗎？或者她的快樂會是精神分析要在意的嗎？是否完全由患者自己來決定如何快樂？不過佛洛伊德的說法是，能夠從那些不自覺的重複悲慘的日常裡脫離出來，但能夠在意識仍有著不快樂（conscious unhappiness），能這樣就算不錯了。

76.從不自覺的悲慘，走到自覺的不快樂，對這些患者來說就已是不容易的過程，而這中間是走過什麼心理路？一如比昂說的caesua般，有著多少心理的線索，可以

讓我命名和了解呢？

77.這種中間的過程，也包括我們在臨床經驗裡，某患者從不自由的處境，而走到能夠更自由的日常，這中間路途裡有著什麼站名和村落，可以讓我們探索沿路的風情呢？而這個過程如果是以佛教所描繪的人生八種苦，其實是更豐富了精神分析的視野？我不會說精神分析者不知這八種苦，在臨床上的存在和效應，只是描述的語詞大都是著重在「失落的苦」，也就是佛教所說的「愛別離苦」，也許我們可以疑問，其它的苦是否大都是後來的人生才出現的，而精神分析是著重生命早年的苦，不過例如如果外在環境不佳，那就有身體的苦和心理的「求不得苦」。

78.或者精神分析者可能將「怨憎會苦」，當做是後來長大後人生所受的苦，不過這在新生命出生後，父母和嬰孩之間的關係，也許就有著這種性質存在著，也許可以說在溫尼科特所假設的，嬰孩的自我（ego）還未到可以記憶那些生命經驗前，就會因關係的受挫那般而有著生命的烙痕，如同有碑無文，難以後來述說的經驗。總之我是覺得，如果要讓精神分析更豐富的內容，把生命經驗看得更細緻，引進這些語彙是很有助益的。

79.心身論從「苦」出發是個起點，雖然現有的論點不太著重「苦」這概念的影響，或者如果是從本能論出發的話，大致會是從性本能或死亡本能做起點，不過佛教所說的「苦有三大類：一是身體的苦；二是心理的苦；三是身心交熾的苦。」

80.如何如比昂在當初的期待，在引進了其它語彙後，例如他引進了中世紀宗教的語彙，但仍強調自己是維持著精神分析的技藝？我個人也是同意這種說法和態度，只是仍是涉及了所謂精神分析的技藝是指些什麼內容呢？基本的setting、時間、地點、費用和頻度，以及以詮釋做主要技術之外，還需要什麼做為技藝的內容呢？

第八部分：如實觀照五蘊本空

81.人是由五蘊所成，我們若能如實觀照五蘊本空，那麼，雖有身心的現象，也能夠生活得解脫自在。然而要把五蘊看空，必須用智慧。用智慧看五蘊怎麼看法呢？觀世音菩薩對釋尊的弟子，被稱為智慧第一的舍利弗尊者說：「舍利子啊！色之於空，並沒有不一樣，空之於色，也沒有不一樣；色就是空，空也就是色。」

這裡的「色」，就是五蘊中的「色蘊」，屬於生理的、物質的現象。其餘受、想、行、識四種，是屬於心理的、精神的活動，它們與空的關係，和色蘊完全一樣。（聖嚴法師，心的經典：心經新釋）

　　82.這是設想以「空」做爲境界，而能夠解脫自在的方向，「空」和比昂的「O」境界的相關性是如何？我們會採取值得對話的方式，持續讓兩者能在我們的經驗和想法裡對話，先不急著要等同起來。如同這是兩個島嶼，我們的對話像是搭一座橋，讓兩方的概念和經驗可以來來回回，再來看多年後，會是什麼樣的現象？

　　83.至於「解說」、「自在」和精神分析的free（患者被期待的能力free association，治療者被期待的技藝能力free floating attention）的關係呢？翻譯爲自由，但自由和解脫、自在是相同的語義內容嗎？其實在我們的日常生活語彙裡，是常混著使用，但是使用解脫或自在時，是有可能和佛教這些語彙相關的聯想有所聯結，我是覺得這些聯結是很有意義的，並不是把精神分析宗教化，雖然佛洛伊德當年早就把伊底帕斯王的故事引進精神分析，把宗教的語彙和故事在此刻和未來引進精神分析，也

有心與無心：如果卡夫卡的日記是Bion的Caesura

會是有趣的可能性。

84.佛教的「空觀」是有它的內容和方法，我先引述五蘊的「色受想行識」的內容，再來推想它和比昂的「無憶無慾」的「無」的關係。

「色」在這裡是指我們的身體，是由「四大」互為因緣和合而成。……四大乃指地、水、火、風，是物質界的四種特性……

受蘊——「受」是領納的意思。是我們身體的官能，即眼、耳、鼻、舌、身等五根，與外在的環境（色、聲、香、味、觸）接觸所產生的種種感覺，可分三種：苦、樂、捨。苦受是不舒服的感覺；樂受是舒服的感覺；捨受則是不苦不樂，純粹是感覺而已。

想蘊——是與外境接觸而產生的認識作用，即對於外境的瞭解、聯想、分析和綜合等等心理活動。

行蘊——是與外境接觸之後，心理所起的對策。……

識蘊——是指對外境（色）以及因外境而起的感覺（受）、認識（想）、意志（行）等活動能起了別識知作用的心之本體。所以「識」統攝了一切心理的活動。由於無明所覆，凡夫對於身心自體以及身心所依的外境，有著強烈的愛執染著而造作種種善惡行為，積聚成為業識，由

是依業受報，生死死生不得解脫。……所以，凡夫眾生的心理的、精神的活動——受、想、行、識四蘊，也和色身一樣是如幻不實，緣起而性空、性空而緣起的。（聖嚴法師，心的經典：心經新釋）

85.無憶無慾和有憶有慾之間，對佛洛伊德來說，有些像是從認知洞識（cognitive insight）到情緒洞識（emotional insight）之間要走的路，他叫它做修通（working through），但是這些語詞之間，有什麼可以相互溝通的嗎？或是可以和比昂的聯結（linking）相連嗎？

86.如果以佛教語言來說，人生是有或無的爭論裡，在有無之間的出路是什麼呢？如何不是二分的相離相棄，而是「有不礙空、空不礙有」？

87.再來就「色蘊」來細談「空」，並讓我們來想像比昂的「無憶無慾」裡，記憶和慾望的有無。我不確定比昂是否有以下的想法，不過這不妨礙我們在這時候，藉由佛教的概念和經驗來想像。

88.所以凡夫眾生執為實有的這個身體，殊不知從因緣的觀點來看，它是四大和合，一息不停地變化，根本沒有獨存性、不變性與實在性，只是「假有」——暫時的有，空幻而不真實，一旦和合的關係結束了，身體也就隨之死亡、朽壞、消失。這就是「色不異空」的道理所在。

可是，倘若僅僅抱持一味「色不異空」的觀念，三世論者會流於小乘聲聞的「偏空」思想，而一世論者則會墮入可怕的虛無主義了。因此下文要緊接上一句「空不異色」。前句以因緣滅故，色不異空；後句以因緣生故，空不異色。色不異空，所以能見有如空，在生死不異，住解脫自在。空不異色，所以能住解脫自在，但不離現實生死界，這就是大乘菩薩了。（聖嚴法師，心的經典：心經新釋）

89.如果只說：「色不異空，空不異色。」可能有些人聽了，以為色與空雖不相離，可是色是有，空是沒有，色與空畢竟是有別。所以觀世音菩薩接著告訴舍利子說：「色即是空，空即是色。」這是說：我們的色身，無非是以四大為因緣而起生滅變易的延續現象，真觀色身的本身就是無常（非不變的）、是無我（非獨存的），合而言之就是空的（非實在的）。反過來說，這無常、無我的空

相，絕非一無所有的空，而是因緣而生，宛然存在的身體。如此，色與空，空與色，只是一體兩面的說法，彼此是沒有分別的。（聖嚴法師，心的經典：心經新釋）

結語

90.雖然在起初起筆時，是想要以卡夫卡的日記做焦點，但是書寫過程突然浮現的，和臨床經驗有關的想法，以及與心經的交織，例如在第三部分的想法占據著心思，也覺得這些想法是稍具有些原創的比較，雖然目前也只能先以相互比對的方式來呈現，因為如果要進一步細論，是需要再加進更多的臨床訊息，而這是未來式的內容。

91.如何在「空和色」、「空和無」、「空和有」之間，走出互不相礙的路，其實是重點。我也覺得要處理臨床困難的案例，尤其是慣常以「分裂機制」做為主要防衛機制，而呈現隨處都是二分法的現象，如何在兩個端點裡走出寬廣的路，而不是如同「冤家路窄」般，處於難以轉身，缺乏餘地的現象？佛教這些論點雖不易達成，卻是具有如遠方的星子般，有著前進的依靠，雖然可以途中有風雲，可能會礙事，但畢竟那可能是重要的遠方指引？

　有心與無心：如果卡夫卡的日記是Bion的Caesura

92.感謝黃梅芳的協助，找了另四位榮格分析師，陳俊元、陳俊霖、楊孟儒（美國）、鄭文郁（美國），和我們進行這場[以文會友]的討論會，希望這場有意義且有趣的討論過程，能夠雙方在互相欣賞的基礎上，所有參與者都有收穫，也期待這一期一會後，明年有機會再相約。（The End）

蔡榮裕

精神科專科醫師
前松德院區精神科專科主治醫師
臺灣心理治療個案管理學會理事長
臺灣精神分析學會名譽理事長
臺灣醫療人類學學會會員
臺灣精神分析取向心理治療研究會召集人
高雄醫學大學阿米巴詩社社員
松德院區《思想起心理治療中心》心理治療資深督導

作爲兒子，如何與父親同時存在？
與談人：黃梅芳

原先，我對卡夫卡的認識，僅止《變形記》，記得書裡的那條大蟲是隱喻他自己。在準備這次的討論時，稍對卡夫卡的生平做了了解，浮現於腦海的是：面對這樣的父親，卡夫卡可以怎麼樣跟父親一起活著？他弒得了這樣的父親嗎？從榮格心理學的角度來說，卡夫卡如何走向自己的英雄之旅？

以下文字，只是試圖理解的開始。

從卡夫卡的《給父親的信》説起

卡夫卡在他41歲時過世，在過世的前五年（1919年），他寫了一封非常長的信，透過母親想轉交給父親，因爲母親的拒絕，這封信終究沒有交到父親手上。這封信，卡夫卡描述了父親在他成長過程中的影響。我們看看以下幾個陳述：

唯有作爲父親這點，你對我而言卻過於強大，尤其是我的弟弟們早夭，妹妹們的到來又間隔得久，我首當其衝卻還必須獨自面對，我對此太無力承受。（#105）

我想逃離你，就也得逃離這個家，甚至逃離母親。（#160）

我不僅因此失去了家庭觀念，如你所言，相反地，我對家庭一事更有概念，不過它主要是作爲負面因素以從內心擺脫你。（#169）

在寫作中，我確實自主地離你遠了一點，即使這有些讓人聯想起蟲子，它的後半截身子被另一隻腳踩住，它以前半截身子掙脫，爬向一邊。（#184）

然而，我眞的有能力去運用這份（職業）自由嗎？我還會相信自己會獲得一份眞正的工作？我的自我評價更多地依賴於你而不是其他東西，比如外在的成功。（#187）

這些只是部分能被簡短摘出的句子，但是從這些話語，輕易可以看見卡夫卡面對強壯父親的壓力（兩者的體型也恰巧成爲對比）、他的喜歡與父親的價值觀背道而馳，以寫作爲名的啟程是因爲必須遠離，但是寫作的內容與向父親申訴有關，因此，卻也未曾遠離。

在《給父親的信》這本書，最常被引用的文字之一是「我的寫作都與你有關，我在作品裡申訴的，是在你胸懷裡無法申訴的話。」但是，卡夫卡多數的作品，都是他身後出版的，多數的看法是因爲卡夫卡對於自己作品的高標準要求，對於出版躊躇再三，但如果我們從這段話來理

解，會不會隱藏在字裡行間的對父親想說的話，終究是很難表達的，這中間有著種種的困難，就像這封永遠到不了的信？

《卡夫卡日記》中與父親有關的三個夢

　　《卡夫卡日記》在1948年便有了英文版，1951年出了德文版，中文譯本則是到2022年才出版。在日記中，記載了三個與父親有關的夢：

1.和父親乘電車1912年5月6日

　　我和父親搭乘電車穿越柏林。大城市的特徵表現為無數個直立的柵門，漆成雙色，末端磨鈍了。除此之外幾乎空無一物，但是這些柵門很密集。我們來到一座大門前面，不知不覺地下了車，進了那扇大門。門後有一面陡直向上的牆，父親爬上去，一雙腿動得飛快，簡直像在跳舞，那對他來說是這麼容易。他根本沒有幫我，這肯定也顯示出他的不知體諒，因為我得費很大的勁才能手足並用地爬上去，經常會再往下滑，彷彿那面牆在我腳下變得更加陡峭。

　　難堪的是那面牆還沾滿糞便，有好幾塊黏在我身上，

尤其是在胸前。

我低頭去看，用手去抹掉。等我終於到了上面，父親已經從一棟建築裡面走出來，立刻朝我，飛奔過來，一把摟住我，親吻我，抱緊我。他穿著一件舊式的短禮服外套，是我記憶中熟悉的，裡面像沙發一樣加了襯墊。「這個馮・萊登醫師實在了不起！」他一再喊道。但他肯定不是去看醫生，而只是把對方當成一個值得認識的人去拜訪。我有點擔心我也得進去看他，但是我沒有被要求這麼做。我看見在我左後方有一個人坐在完全被玻璃圍繞的房間裡，背對著我。後來我發現此人是那位教授的祕書，發現其實父親是和這個人說了話，而不是和教授本人，但是透過這位祕書，父親不知怎地親身看出這個教授的優點，因此他有理由在各方面針對這位教授做出評價，就好比他親自跟教授交談過一樣。

淑惠提到這個夢的前半段，對卡夫卡的父親而言，恐怕只有突破困難才配稱是他的兒子。榮格取向釋夢的觀點之一是，夢裡的一切都是夢者本身，因此如果夢中的父親也是卡夫卡自己呢？

這一年（1912年）的春季，卡夫卡開始寫他的第一部長篇小說《失蹤者》，但他並不滿意。六月底，同意出版自己的第一本書，意即《沉思》。相對父親白手起家的成

就，卡夫卡對於自己的寫作與出版或許也是同樣有壓力，這個壓力不僅是自己的高標準，也是對父親的挑戰，對自己「白手起家」的考驗：卡夫卡沒有辦法走向／像父親模式的成功之路（如同夢裡他沒有辦法像父親一樣爬牆），父親所認同或形成價值觀的方式（夢裡對於馮‧萊登醫師的見解），卡夫卡（恐怕）也無法同意，這看來像是一個無法妥協的局面。

因為《給父親的信》，我的理解是卡夫卡的寫作可能都在處理他與父親的關係（當然也有母親的部分），我的疑問是：如果寫作可以是一種療癒，那麼，卡夫卡為何無法從創作的過程活下來？我「暫時」的答案是，創作成為卡夫卡的一種陪伴與抒發，但也停頓於此。所有的隱喻，止步於理解與同理自己的苦難，到達不了如蛹化蝶的「轉化」階段。或許因為寫作都與父親有關，因此無法超越父親成為另外的存在。

2.拉著父親1916年4月19日

我們住在護城河街上，靠近「大陸咖啡館」。一個軍團從紳士街上轉進來，朝著火車站的方向。父親說：「這可得去瞧瞧，只要辦得到。」於是跳上窗戶（穿著菲利克斯的褐色睡袍，整個人就是他們兩個的混合體），張開雙

臂，站在那道很寬、但傾斜得很厲害的窗台上。我抓住他，抓著他睡袍上腰帶穿過去的那兩道環，拉住了他。他故意把身體伸得更出去了，爲了拉住他，我使出了全部的力氣。我心想，假如我能用繩索把我的雙腳牢牢綁在某處就好了，免得我被父親給拉走。可是，假如我要這麼做，就至少得暫時先把父親鬆開，而這是不可能的。睡眠承受不了這種緊張——我的睡眠承受不了——於是我就醒了。

第二個夢，淑惠提到卡夫卡覺得自己沒有力氣。我想到的是，卡夫卡與父親之間關係的張力，他想抓住父親，不要被父親拉走（考慮到父親對他的評價，這該有多困難）。不要被拉走的方式是卡夫卡必須有自己的立足點（腳要被綁住），但是如果要有自己的立足點，他必須先放開父親，必須先不理會父親的期待，必須接受自己對父親的失望，以及面對父親對自己的失望。

3.父親1917年9月21日

夢見父親。——有一小群觀衆（芳塔夫人也在其中，這足以描述聽衆的組成），在他們前面，父親頭一次當衆提出一個社會改革的理念。父親是想要這群聽過挑選的聽衆（在他看來是一時之選）來替他宣傳這個理念。表面上他說得很謙虛，只請求這群人在瞭解一切之後提供對此理

念感興趣之人士的地址，他將能邀請他們前來參加不久之後將會舉行的一場大型公眾集會。父親還不曾和這些人打過任何交道，因此過於認真地看待他們，還穿上了黑色禮服外套，並且極其詳盡地陳述他的理念，表現出外行人所有的特徵。儘管這群聽眾根本沒準備要聽一場演講，他們立刻看出，父親所提出的就是一個早已被討論過的陳舊理念，被當作原創的理念得意地提出來。他們讓父親察覺到這一點。但是這在父親意料之中，他深信這種看法微不足道（不過他自己似乎也多次提出來），帶著微微的苦笑，更加慷慨激揚地陳述。等他說完，從眾人不滿的嘀咕就能聽出來，他既沒有說服大家這個理念具有原創性，也沒有說服大家這個理念的可行性。不會有太多人對這個理念感興趣，但還是零零星星有幾個人給了他幾個地址，出於好心，也可能因為他們認識我。父親完全不受整體氣氛的影響，收拾了講稿，拿出事先準備好的一小疊空白紙片，以便把那寥寥幾個地址抄下來。我只聽見了一個宮廷顧問的名字，叫史提贊諾夫斯基之類的。——後來我看見父親倚著沙發坐在地板上，就像他和小菲利克斯玩耍時那樣。我吃了一驚，問他在做什麼。他在思考他的理念。

　　1917年的八月，卡夫卡開始咳血，這個夢應是在他身體健康出問題之後。夢裡父親的形象有些不同，父親一

樣無法客觀地審視時事，但是卡夫卡自己的力量開始出現
（「也許因爲他們認識我」），我想夢裡爸爸演講的場
域，其實是卡夫卡的場子，父親雖然頑強抵抗，但是難得
出現「思考」。這會不會也表示卡夫卡與父親的戰爭，卡
夫卡開始有優勢了？從兩年後寫了《給父親的信》來看，
卡夫卡逐漸有了面對父親的力量（寫作的成就？），甚至
有了那封信做爲武力值，但是無法直面父親，必須透過母
親（以便讓攻擊的力道可以弱一點），但是母親無法轉
交，因此這個攻擊的力量出不去。我不禁天馬行空地幻
想：如果母親把信轉交出去，卡夫卡能不能多活幾年？

消失的母親

關於母親，卡夫卡在日記中多次提到母親。1911年
12月的日記中一個小篇幅提到母親的家族。母親的家族
中有太多的悲劇。而在《給父親的信》中，卡夫卡眼中的
母親是依附著父親的，這表示父親－母親－卡夫卡這個三
角關係是不從存在的。數字「3」在榮格心理學的概念中
象徵著一個動力的系統，或者說是永恆的變動。無法形成
「3」，或許表示卡夫卡與父親沒有辦法從倆倆對立的狀
態下轉動。

那麼，華人世界的父親是什麼樣貌？
——《臥龍：永遠的彼日》的諸葛瞻、劉禪

　　在這次的對談之前，剛好去看了唐美雲歌仔戲團年度大戲《臥龍：永遠的彼日》。這齣戲有著滿滿的父親情節。雖然這齣戲有一些虛構的場景，但是在一些重要的地方，編劇是忠於歷史的。身為諸葛孔明之子的諸葛瞻，以及身為劉備之子的劉禪，面對無法超越的父親，面對社稷對他們繼承父親的期待（子承父業），無疑是相當有壓力的，他們很難有自己的想法（例如劉禪不想打仗，但是取得正統身分的期待無法拋棄）。諸葛孔明八歲喪父，他對父親的印象與認識是透過母親黃夫人與別人得到的。諸葛瞻從母親獲得的陽性原則，因此雖然實際上父親已逝，但透過母親（黃夫人）橋接的功能，父親的形象得以活在諸葛瞻的意識中。戲中的劉禪與諸葛瞻與（想像中的）父親和解，然後用自己的方式走上和父親一樣的路。雖然是一樣的路，但已然不同。

——蘇洵、蘇軾、蘇轍

　　我一直很喜歡蘇軾的詞，歷史中蘇洵、蘇軾、蘇轍

是難得的文學家庭，但或許很少人注意到，蘇軾、蘇轍兄弟的啟蒙老師，並不是作為父親的蘇洵，而是他們的母親程夫人。蘇洵很晚才有成就，也常遊歷，因此母親成為蘇軾、蘇轍穩定的存在，也讓兩兄弟在父親不在的時候，沒有匱乏的感覺。

強大的父親消失的母親，透過母親而存在的父親，演化出不一樣的父親情結。回到卡夫卡，謝謝他留下的文字，我們透過文學與他存在。

黃梅芳

諮商心理師、國際分析心理學會（IAAP）榮格分析師
現任：
東吳大學社工系兼任講師
實踐大學家庭研究與兒童發展學系兼任（專技）助理教授
昱捷診所諮商心理師
臺灣榮格心理學會秘書長
臺灣心理治療學會監事

跋
交會是爲了記得珍貴的東西
蔡榮裕

「離開現場是最容易的，我們會有諸多造作讓這件事情得以發生；留下來的最不容易，帶著那些被鄙視被厭棄被遺忘的有苦難言，慢慢地，盼望可以穿越⋯⋯。」（王明智）

還好我們不是佛洛伊德，五位朋友也不是榮格，當年，他們只能短暫交會而絕裂，此刻，我們沈浸在他們的珍貴心靈遺產裡。還好，我們都不是他們了。

首先再度感謝黃梅芳的協助，邀集了年輕的榮格學派的朋友們，陳俊元、陳俊霖、楊孟儒（美國）、鄭文郁（美國），進行這場[以文會友]的討論會，加上科技之賜，也讓在美國的朋友們，能夠一起共享知識的盛宴。在陌生的熟悉裡，有著另一種啟發。

大家仍是相互陌生的，但能夠對心理學的理念和實作有些貢獻，也許是我們[以文會友]活動的額外收穫，讓我有著更強的動機，使我們的相互交流能夠踏實長遠。

說是盛宴，一點也不爲過。朋友們都盡力將我們對於《卡夫卡的日記》、《心經》和"Caesura"（Bion）的

有心與無心：如果卡夫卡的日記是Bion的Caesura

閱讀經驗，與臨床經驗相互交錯思索。讀者也可以看出，在有限的文字裡，每個人的焦點也不同，而這些差異，剛好是整個研討會的多樣性充份展現。

討論會後，我在整理文字準備出版的過程，把所有文字再看過，覺得仍有很多素材的想法和創意，是值得以後再來標示出來，並加以探索的概念。

希望這只是第一步，能夠有接下來的一期一會，看能否找出在明年可能的研討會之前，有幾個短時的會前會，做為理念的溝通。讓屆時整天的[以文會友]活動，有著先前的準備而更充分交流。畢竟在這心理工作的專業裡，愈深入是愈孤單，很高興能有榮格學會的這些朋友，和薩所羅蘭的朋友們，一起思索比昂體會的「未知」。

也希望各位讀者能夠從我們的文字獲得一些啟發。

「佛陀的經驗似乎也符合建佑醫師談到的，精神分析的工作，也在從常識的斷裂中，發現其它的可能性。用榮格心理學的角度來說，也就是跳脫自我（ego）與集體意識或文化的有限性與僵固性，與心靈其它的部分連結。這個歷程也被稱作是個體化的歷程，一個勇者的旅程。」（鄭文郁）

我們就這樣，走著未竟的旅程。交會是為了記得珍貴的東西，而最珍貴的是朋友們。

附錄一

【薩所羅蘭】精神分析的人間條件14（以線上視訊方式）
傳記、佛經與精神分析（以文會友[榮格學會成員]的朋友）
標題：有心與無心：如果卡夫卡的日記是Bion的Caesura
時間：2023.07.16周日08:45-17:00
《卡夫卡的日記》、《心經》和"Caesura"（Bion）
《卡夫卡日記》姬健梅譯，商周出版
《心經》可以考慮以聖嚴法師和一行禪師的心經解讀版本

子題：

1.色不異空：打開日記，就只為了讓我能夠入睡。
2.空不異色：我對文學不感興趣，我就是文學本身。
3.色即是空：你會輕易把我踩在腳下，踩得我一無所有。
4.空即是色：讓自己被那個陌生人拉走，成為他的親人。
5.五蘊皆空：寫作的終結，何時它會再度接納我？

計劃如下：

1.各位主要報告者每人各評論評我們的某一篇文章（每篇
   約六千字），會希望至少在活動前兩周放進共筆，不過
   可能會晚些完成，因此仍請與談人可以就先依材料先書

寫約二千。在工作坊結束後，就報告人和與談人預寫的文字整理成一本書來出版。

2. 工作坊討論型式是，每場的論文作者二十分鐘，接著與談人簡報十五分鐘，接下來請所有人一起討論。每場次有約40分鐘的自由討論，討論過程會錄音，事後來處理成文字，再請發言者修改。

3. 至於會場時的錄音變成文字需時間，也要再修正則看相關結果再來處理，看如何出版事宜。錄音要出版前，一定會再請各位發言者再看修改後才會出版。

4. 預計是一天有五場，每場約75分鐘，與談人談論其中一場，但期待你全程參加，並參與所有場次的討論。場次安排請看後續內容。請各位以自由的心情和態度，來自由的發言。

5. 我們會建構一個共同的臨時群組做會前的討論用，另也會建構一個google word的共享內容會放一些文獻，參考的文獻就只是參考，你能看多少都是可以的，發言不必然限在前述三個文件裡的論點，來自由地交換想法才是主要目的。

6. 我們不是以Bion或佛學的專家來進行報告，讓我們可以交流討論各自的臨床經驗和想法。我們期待的是，可以更自由的依著自己的人生和臨床工作的經驗來想像和交

流，畢竟邀請榮格學派的專家來聚會討論我們更著重除了可以第一手的了解台灣在地和旅外的榮格學派的工作坊在這時是怎麼想榮格的論點以及在臨床上的運用方式而只是榮格文獻上的論點我們也相信這些想法都有這時代的價值，值得變成文字而保存下來。

補充：

也許《卡夫卡日記》內容是更原始、更破碎、更恐懼下的心理工作史。

這周中午的[山風頻道]，我們討論《卡夫卡日記》（商周出版）。

1. 不是要以有限的精神分析術語，來分析卡夫卡。他在《卡夫卡日記》裡，以豐富意象描繪那些難以說明的內心處境，並帶來了文學的後續重要影響，這本身就是值得我們來探索和挖掘，做為描繪臨床裡內心處境的重要資產。

2. 卡夫卡的心理受苦背景，是如他在未寄出的，給父親的信中提到的，「總之，我們倆截然不同，這種迥異讓你我對彼此都成了一種危險。如果有人稍微想像一下，我這個成長緩慢的孩子和你這個成熟的男人如何相處，他可能會認為你必然會將我踩在腳下，而且踩得我屍骨無

有心與無心：如果卡夫卡的日記是Bion的Caesura

存。但實情並非如此，生命力是人無法估量的，實際發生的事情還更糟糕。」（取自：噢！父親，林家任譯，群星文化。）

3. 我將《卡夫卡日記》，和佛洛伊德的《夢的解析》以及《榮格自傳》，這三者的並列是有意義的，但如果從生命早年受苦的程度來對比，卡夫卡幾乎是在如Winnicott描述的，那些生命早年就飽受生死交關的恐懼裡長大。佛洛伊德某種程度是個快樂的小孩，他的父親對他說了一個故事，為了走進一條小路，卻被他人撥掉高帽子後，父親只是默默低頭撿起帽子，讓他對父親感到失望。榮格在孩提時心裡的受苦，也是原始的有不少死亡的意象。

4. 《夢的解析》是佛洛伊德在父親死後，懷念裡多年哀悼後的作品，也可以說《夢的解析》是佛洛伊德的自傳，書中的夢大都是他自己的夢。

5. 我覺得《卡夫卡日記》的內容是更原始、更破碎、更恐懼下的心理工作史，也許使用「昇華」來形容都是薄弱的說法，如在《卡夫卡日記》裡說的，「我對文學不感興趣，我就是文學本身。」Winnicott和Bion嘗試描繪的，生命很早年的破碎心理經驗，呼應著卡夫卡自己孤獨的在文學裡也有著心理工作，值得我們來發現⋯⋯

6.不過,這當然不只是現有資料,描繪的父親是如何嚴厲,做為解釋後來問題的原因,而是後來,卡夫卡也和父親一樣嚴厲,對自己、對朋友和對文字和文學。

(主持人:蔡榮裕、黃梅芳)
主要報告人(公主或公子):王明智、陳建佑、黃守宏、劉又銘、郭淑惠。
協助者(書僮):王盈彬、翁逸馨、陳瑞君、蔡榮裕。
與談人(老師):陳俊元、陳俊霖、楊孟儒(美國)、鄭文郁(美國)、黃梅芳。
總結:黃梅芳、蔡榮裕。

有心與無心:如果卡夫卡的日記是Bion的Caesura
1.0845-1000色不異空:打開日記,就只為了讓我能夠入睡。(王明智/王盈彬)(與談人:楊孟儒)
2.1000-1115空不異色:我對文學不感興趣,我就是文學本身。(陳建佑/翁逸馨)(與談人:鄭文郁)
3.1115-1230色即是空:你會輕易把我踩在腳下,踩得我一無所有。(黃守宏/陳瑞君)(與談人:陳俊元)
4.1345-1500空即是色:讓自己被那個陌生人拉走,成為他的親人。(劉又銘)(與談人:陳俊霖)

5.1500-1615五蘊皆空：寫作的終結，何時它會再度接納
我？（郭淑惠／蔡榮裕）（與談人：黃梅芳）

1615-1700總結討論（主持人：蔡榮裕、黃梅芳）

附錄二

薩所羅蘭團隊：

【薩所羅蘭的山】

陳瑞君、王明智、許薰月、劉玉文、魏與晟、陳建佑、劉
又銘、謝朝唐、王盈彬、黃守宏、郭淑惠、蔡榮裕。

【薩所羅蘭的風】（年輕協力者）

彭明雅、王慈襄、白芮瑜、張博健。

【薩所羅蘭的山】

陳瑞君

> 諮商心理師
> 臺灣精神分析學會會員
> 臺灣醫療人類學學會會員
> 臺灣精神分析學會推薦精神分析取向心理治療師
> 臺灣精神分析學會《台北》心理治療入門課程召集人
> 松德院區《思想起心理治療中心》心理治療督導
> 國立臺灣師範大學教育心理與諮商所博士班研究生
> 聯絡方式：intranspace@gmail.com

有心與無心：如果卡夫卡的日記是Bion的Caesura

王明智

諮商心理師

臺灣精神分析學會會員

《小隱》心理諮商所所長

臺灣精神分析學會推薦精神分析取向心理治療師

松德院區《思想起心理治療中心》心理治療督導

許薰月

諮商心理師

巴黎七大精神分析與心理病理學博士候選人

劉玉文

諮商心理師

看見心理諮商所治療師

亞洲共創學院總經理／資深職涯顧問

臺灣精神分析學會會員

魏與晟

臺北市聯合醫院松德院區諮商心理師

臺灣精神分析學會會員

精神分析臺中慢讀學校講師

松德院區諮商心理實習計畫主持

國立臺北教育大學心理與諮商研究所碩士

謝朝唐

精神科專科醫師

中山大學哲學碩士

巴黎七大精神分析與心理病理學博士候選人

劉又銘

精神科專科醫師

台中佑芯身心診所負責人

臺灣精神分析學會推薦精神分析取向心理治療師

精神分析臺中慢讀學校講師

聯絡方式：alancecil.tw@yahoo.com.tw

陳建佑

精神科專科醫師

臺灣精神分析學會會員

精神分析取向心理治療師

高雄市佳欣診所醫師

聯絡方式：psytjyc135@gmail.com

王盈彬

精神科專科醫師

精神分析取向心理治療師

臺灣精神醫學會會員

臺灣精神分析學會會員

臺灣精神分析學會《台南》心理治療入門課程召集人

英國倫敦大學學院理論精神分析碩士

王盈彬精神科診所暨精神分析工作室主持人

聯絡方式：https://www.drwang.com.tw/

黃守宏

臺北市立聯合醫院松德院區精神科主治醫師

前臺北醫學大學附設醫院精神科暨睡眠中心主治醫師

前臺北醫學大學學生事務處學生輔導中心主任

臺北醫學大學醫學系專任講師

臺灣心理治療個案管理學會理事

臺灣精神分析學會會員

臺灣精神分析學會台北春秋季班講師

松德院區《思想起心理治療中心》心理治療督導

美國匹茲堡大學精神研究中心訪問學者

郭淑惠

諮商心理師

新竹《心璞藝術》心理諮商所所長

精神分析取向心理治療師

臺灣精神分析學會會員

臺灣藝術治療學會專業會員

松德院區《思想起心理治療中心》心理治療師

台北市立大學教育學系教育心理與輔導組博士

聯絡方式：xinpu48@gmail.com

蔡榮裕

精神科專科醫師

前松德院區精神科專科主治醫師

臺灣心理治療個案管理學會理事長

臺灣精神分析學會名譽理事長

臺灣醫療人類學學會會員

臺灣精神分析取向心理治療研究會召集人

高雄醫學大學阿米巴詩社社員

松德院區《思想起心理治療中心》心理治療資深督導

聯絡方式：roytsai49@gmail.com

有心與無心：如果卡夫卡的日記是Bion的Caesura

【薩所羅蘭的風】（年輕協力者）
彭明雅

    諮商心理師

    臺灣心理治療學會秘書

    《昱捷診所》諮商心理師

    《士林身心醫學診所》合作心理師

白芮瑜

    諮商心理師

    國立臺灣大學專任心理師

    古意心理諮商所諮商心理師

    臺灣心理治療個案管理學會秘書長

王慈襄

    諮商心理師

    法務部矯正署臺北看守所專任心理師

    臺北榮民總醫院向日葵學園（兒童青少年日間病房）

    特教個管老師

張博健

　諮商心理師

　精神分析取向臨床工作者

　聯絡方式：bojianchang@gmail.com

附錄三

《傳記、佛經與精神分析》[以文會友]（榮格學派的朋友）
與談人介紹：
楊孟儒、翁逸馨、鄭文郁、陳俊元、陳俊霖、黃梅芳

楊孟儒

    台灣及加州認證臨床心理師

    現於加州執業

    現於萊特學院臨床心理博士班兼任學生指導

    曾任台大醫院臨床心理師

    美國約翰甘迺迪大學臨床心理博士

    台灣大學臨床心理碩士

翁逸馨

    自由想心理診所心理師

    新北市立聯合醫院精神科心理師

    臺北市政府市民心理諮詢特約心理師

    新北市政府員工心理諮詢特約心理師

    臺北市立重慶國中輔導老師

    臺北市東區／南區少年服務中心社工

臺灣精神分析學會會員

臺灣精神分析學會推薦精神分析取向心理治療師

臺灣榮格心理學會臨床會員

正念認知治療訓練講師（英國牛津大學正念中心認證）

鄭文郁

國際榮格心理分析學會（IAAP）認證榮格心理分析師

舊金山榮格學院理事（2023-2024）

美國舊金山萊特學院臨床心理學博士

Cogstate公司特聘神經心理學顧問

美國與台灣認證臨床心理師

美國華盛頓州與跨州個人執業

陳俊元

國際榮格心理分析學會（IAAP Router）

昱捷精神科診所主治醫師

曾任台大雲林分院精神科主治醫師

台大醫學院醫學系畢業

陳俊霖

精神科醫師

榮格分析師

亞東紀念醫院心理健康中心主任

臺灣榮格心理學會理事

臺灣沙遊治療學會常務理事

臺灣心理治療學會常務理事

黃梅芳

諮商心理師、國際分析心理學會（IAAP）榮格分析師

現任：

東吳大學社工系兼任講師

實踐大學家庭研究與兒童發展學系兼任（專技）助理

教授

昱捷診所諮商心理師

臺灣榮格心理學會秘書長

臺灣心理治療學會監事

國家圖書館出版品預行編目資料

有心與無心:如果卡夫卡的日記是Bion的Caesura / 王明智, 王盈彬, 楊
孟儒, 陳建佑, 翁逸馨, 鄭文郁, 黃守宏, 陳瑞君, 陳俊元, 劉又銘, 陳俊霖,
郭淑惠, 黃梅芳, 蔡榮裕合著. -- 初版. -- 臺北市 : 薩所羅蘭分析顧問有限
公司, 2024.4
　　面; 　公分---【薩所羅蘭】精神分析的人間條件 14
ISBN 978-626-98126-3-9（平裝）
1.CST: 精神分析學
175.7　　　　　　　　　　　　　　　　　　　　113002180

【薩所羅蘭】精神分析的人間條件 14

有心與無心
如果卡夫卡的日記是Bion的Caesura

作　　者　王明智、王盈彬、楊孟儒、陳建佑、翁逸馨
　　　　　鄭文郁、黃守宏、陳瑞君、陳俊元、劉又銘
　　　　　陳俊霖、郭淑惠、黃梅芳、蔡榮裕
校　　對　彭明雅、張博健
發 行 人　陳瑞君
出版發行　薩所羅蘭分析顧問有限公司
　　　　　10664臺北市大安區和平東路二段201號4樓之3
　　　　　電話：0928-170048
設計編印　白象文化事業有限公司
　　　　　專案主編：陳逸儒　經紀人：徐錦淳
經銷代理　白象文化事業有限公司
　　　　　412台中市大里區科技路1號8樓之2（台中軟體園區）
　　　　　出版專線：（04）2496-5995　　傳真：（04）2496-9901
　　　　　401台中市東區和平街228巷44號（經銷部）
　　　　　購書專線：（04）2220-8589　　傳真：（04）2220-8505
印　　刷　基盛印刷工場
初版一刷　2024年4月
定　　價　350元

缺頁或破損請寄回更換